いちばんわかりやすい

問題発見の授業

知識ゼロから3時間で
プロの発見力が身につく!

JN188463

ダフミコ
コンサルタント

WANI BOOKS

解決力より「発見力」に価値がある時代！

まえがき

「いつも考えがあいまいで、まとまらず、考えが堂々めぐりしている」

「何をどこから手をつければいいのかわからない」

「作業量が多く、作業時間も長いのに、なかなか成果が出ない」

「達成したい目標に向けて、モヤモヤした悩みをスッキリさせたい」

「ムダな努力をしたくない、やり直しもしたくない」

あなたはこんなふうに思ったことはありませんか。本書は、こうした悩みを持つ人のための本です。

●すべての成果は「良い問題」から生まれる

私たちは日々、現状と理想のギャップを埋めるために活動しています。

このギャップを埋めるために**頭の中でモヤモヤとしているもの、実はその正体が「問題」なのです。**

「良い問題」を見つけ、それを解決すれば、成果が生まれます。

つまり、問題を発見する力こそが、理想の状況を実現させるのです。

いくら高い解決力を持っていても、解決すべき問題を間違えたり、そもそも向かうべき問題を誤ったりしたら、とてももったいない結果を招いてしまいます。

すべては、問題スタート、問題ありき、です。にもかかわらず、この問題発見力を高める技術については、これまで教えてもらう機会がなかなかありませんでした。

問題解決に関わるセミナーや研修、書籍はたくさんありますが、問題発見のためのそれらの数は少ないのが現状です。

だからこそ、企業は問題解決型人材より、問題発見型人材を重宝するようになってきているのでしょう。時代の転換期、今後こうした人材はますます重宝されます。

問題発見型人材が貴重である理由、それは**「まだ見えていないこと（もの）を見る」力を持っている、**からです。

根本的解決のための問題を発見する。大問題になる前の小さな問題をいち早く発見する。より良い未来の創造につながる問題を発見する。

問題発見力の高い人は、問題や悩みを解決し、目標を達成するだけでなく、未来をつくっていく人でもあるのです。

3時間の授業で、あなたにも問題発見力が身につく

本書は、この問題発見力を、あなたに身につけてもらうために書きました。たった**4つのシンプルなステップ**を踏むことで、問題を発見できるようになります。知識ゼロから3時間の授業を受けることで、プロの問題発見力が身につきます。

私は戦略コンサルタントとして、有名・大手企業の方々に本書の問題発見の技術を、実際の現場や研修を通してお伝えしてきました。試行錯誤をくり返し、**今では誰もが使いこなせるように、ノウハウが体系化されています。**

この問題発見の技術は、仕事はもちろん、人間関係やプライベートなテーマにも使うことができます。また、新人の方からリーダーまで成果を得られます。

ぜひ、この授業で、楽しみながら問題発見力を身につけてくださいね。

ツノダフミコ

いちばんわかりやすい問題発見の授業　目次

1時間目

頭の中を「言葉」にする授業

~自分の持つ考え、情報が「見える化」される~

ステップ①

2時間目

思考の質を上げ、整える授業
～「あいまい」「わかったつもり」「バラバラ」がなくなる～

ステップ②

3時間目

本物の問題を発見する授業

~成果が得られる問題が見つかる~

ステップ③
ステップ④

特別授業

問題発見の授業をサクッとおさらい！
~コンセプトピラミッドをとことん使いこなすためのQ&A~

コンセプトピラミッド®は
株式会社ウエーブプラネットの登録商標です。

プロローグ

この本は、戦略コンサルタントとして日々問題発見に携わってきた私が、実際に活かしているコツや技術を、あなたに身につけてもらうためのものです。

ここでご紹介する問題発見の技術「コンセプトピラミッド」の一つひとつのステップを進めていくことで、あなたの問題発見力は必ず高まります。

仕事やビジネスにおいてはもちろん、人間関係やプライベートにおける悩みの解決、理想の実現に向けて、「何をどうしていけばいいのか」をあなた自身で見つけられるようになります。そのための考え方と技術を身につけられることをお約束します。

私は現在、大手・有名企業のマーケティングや経営企画部門の方々とともに、生活者研究やユーザーインサイトの導出、コンセプトの開発を行なっています。ユーザーインサイトとは、ユーザーの行動の裏側にあるユーザー自身も気づいていない潜在的な気持ちを理解することです。

つまり、**「目に見えていない問題を発見する仕事をしている」**と言えます。

そのような仕事で活用しているコンセプトピラミッドの技術は、一度身につけると、仕事、ビジネスはもちろん、あらゆる場面で応用が可能です。

コンセプトピラミッドは、小さな紙片1枚1枚に情報を書き、それらをグループ化して整理しながら、**物事の本質や潜在ニーズをあぶり出し、真の問題を発見していく技術**です。

また、問題発見の過程で、言語化力や文章表現力などの**「伝える力」**、物事の本質に迫る**「考える力」**や**「洞察力」**も磨かれていくように仕掛けています。

あなた自身が抱えている悩みや目標を素材に、コンセプトピラミッドの手順を進め、問題発見に取り組んでいきましょう。頭の中だけで考えていたときには見えていなかった「真の問題」をきっと発見できるでしょう。

問題解決力の価値が下がり、問題発見力の価値が上がった！

少し前までは、問題を解決できるスキルを持つ人材が重宝されていました。しかし、今まで必要とされていた問題解決力は、ここ数年であっという間に価値を下げました。コロナ禍を契機に企業のオンライン学習が浸透し、社員の人々の知識もスキルも格段に上がりました。新入社員の人たちも就活段階でさまざまな教育経験を経て、誰もがそれなりの能力を身につけてから入社してくるようになりました。

また、ＩＴの発達で、大量の情報・知識・ノウハウを誰もが簡単に手にすることができるようになり、さらに生成ＡＩの登場で、個別具体の答えを得ることも飛躍的に容易になってきています。

つまり、問題解決策を導く力は差がつきにくくなったと言えます。当然、問題解決型の人材の価値は下がります。

一方、重宝されるようになったのが、「問題を発見する人」です。

表向きにはまだ問題視されていない「何か」を見つけることは、表層的なものに隠れている本質に気づく力があることを意味します。

まだ誰にも問題と認識されていない問題に気づき、それを表現していくことは、企業活動においては市場に対する新しい価値を創造・提供することにほかなりません。

そして、その価値や機会に合った新商品やサービス、解決策の実現が、他との差別化を生み、顧客や社会からの評価につながります。

実は、こうしたことは私たち個人に対しても当てはまります。本来、自分には無縁で不必要な情報までもが玉石混交状態で押し寄せてくる毎日。

そのような状態にあっては、頭をクリアにし、自分自身にとっての真の問題への感度を高めることで、「そこにあるけれど見えていない問題」に気づけるようになります。

仕事ではもちろんのこと、プライベートにおいても問題発見力が重視され、求められるようになってきました。

優れた問題を見つければ、優れた解決策が見つかる

真に解決すべき問題を発見できれば、優れた解決策は自然と見つかります。コンセプトピラミッドで見つけていく問題は、まさにそのような「筋の良い問題」です。

筋の良い問題とは、**解決効果が高い問題**とも言えます。

本書で紹介するコンセプトピラミッドは、自分の頭の中を見える化し、思考を整理することで、成果につながる「自分のための問題」を見つけていきます。

そのため、問題へ向き合う態度に自分の軸を持つことができます。自分事ではない問題と向き合うと、情報に振り回され、心も頭も混乱した状態になります。

自分軸を持つことで自分にとっての正しい判断ができ、ムダな情報や思考、行動に振り回されなくなります。それだけで気持ちが楽になりますし、生産性もぐっと上がります。

問題を発見できる人は、問題を解決するための正しい手段を選べるのです。

一方、問題を発見できない人は、目先の行動だけを追いかけるため、何度もやり直しを強いられたりと、時間をムダにしがちです。そればかりか生産性も上がりません。

良い問題を発見できれば、次のステップのアイデア発想の段階により多くの時間をさけます。

そのため、より良質なアイデアや解決策を得られるという好循環を生み出すことができます。

ムダをなくすという意味でも、解決により時間をかけられるという意味でも、真の問題を発見することの重要性がおわかりいただけると思います。

筋の良い問題
=
解決効果の高い問題
←
・行動と時間のムダを防止！
・アイデア発想に時間を使える！
・生産性が上がる！

27年間、有名企業が採用している コンセプトピラミッドとは？

コンセプトピラミッドを開発してから、多くの企業の方々が、生活者研究やユーザーインサイトの発見、コンセプト開発、そして真の問題発見などのさまざまな目的でビジネスの場に取り入れ、役立てています。

たとえば、営業企画部門では、顧客の言葉の中から真のニーズを見つけ出し、それを解決する新しいサービスを生み出しています。マーケティング部門では、顧客の声の中から真の課題を見つけ出し、新商品の開発や新しいビジネスを生み出すために役立てています。

実際にコンセプトピラミッドを経験した企業の方々からは、

「今までにはない新しい気づきと発見があった」

「まさかこんなところにニーズがあったとは」

といった声を多数いただいています。

企業の業種も幅広く、食品、飲料、住宅、情報システム、化粧品など、さまざまな分野でこのコンセプトピラミッドが活用されており、実に27年間にわたり採用されています。さらに、こうした本来の成果だけでなく、コンセプトピラミッドの技法に込められたルールやコツを通じて、

- **自分が何を求められているかを理解する力**
- **目的に応じて情報を適切に切り出す力**
- **切り出した情報をわかりやすく表現する力**

などの力も身につけることができるのです。

これからの時代を生きるための大きな武器となることから「子どもたちにも教えたい」との声もしばしばいただくほどです。

コンセプトピラミッドは、誰もがステップさえ踏めば真の問題を発見できる技法として開発されています。手順通りに取り組むことで、あなたも真の問題を必ず発見できます。

ビジネスシーンからプライベートまで、悩みの解決、目標の達成に役立てよう

そもそもコンセプトピラミッドはビジネスシーンを前提として考えられたものですが、プライベートの場面でも大変役立ちます。

「私の人生って、このままでいいのかな？」

「新しいことをしたいけど、何がしたいのかわからない」

「なんだかいつも気持ちがモヤモヤしている」

こうした悩みは抽象的で、解決しようと思ってもどこから手をつけていいのかわからず途方に暮れます。コンセプトピラミッドのゴールは、解決策を導く真の問題を発見することです。

つまり、頭や心の中でからまり合う悩みの糸を解き、真の問題をたぐり寄せることで、自分がどうしたいのか、どうありたいのか、という具体的な解答を自然と得ることができるというわけです。悩みの元となる問題を発見することが、行動を変え、人

生を変えるきっかけを与えてくれます。

誰でも心の中にモヤモヤを抱えています。**そのモヤモヤがからまり合ったまま考え続けるため、いつまでも問題意識があいまいで成果が出にくいのです。**

ここでちょっとジグソーパズルを思い出してください。実はコンセプトピラミッドは、ジグソーパズルに似ています。ジグソーパズルはご存じの通り、たくさんのピースから成り立っています。

パズルを組み立てるとき、バラバラのピースを色や形を手がかりにつなげていき、ピースのグループをつくりながら、少しずつ完成させていきます。

コンセプトピラミッドはたくさんのピース（思考、情報）を仕分けてつなげながら、真の問題を見つけていくという点で、まさにジグソーパズルと同じです。

楽しみながら気軽に試してくださいね。

ぜひ、コンセプトピラミッドを使いこなし、あなたが解くべき真の問題を見つけ、悩みを解決し、成果を得てください。それでは、問題発見の授業を始めましょう。

よし！
やるぞー！

ホームルーム

今から「問題発見のプロ」になるあなたへ

～コンセプトピラミッドの「4つの手順」と「用意するもの」～

知識ゼロから発見力が身につくように考案

ホームルームでは、

・真の問題を発見するための技術

「コンセプトピラミッド」とはどのようなものなのか？

・その手順と準備するもの

について説明していきます。

コンセプトピラミッドは文化人類学者 川喜田二郎博士が考案した「ＫＪ法」をベースにして開発されました。

忙しいビジネスパーソンのために、限られた時間内で、思考を鮮明にして整理し、問題発見に導く効率的なステップをまとめたのがコンセプトピラミッドです。

ここから、一つひとつ解説していきますので、初心者や知識ゼロの人でも、気持ちを楽にして読んでいってくださいね。

シンプルな4ステップで真の問題が見つかる！

コンセプトピラミッドは、４つのステップをたどることで、真の問題を発見していきます。各ステップは次のようになります。

【ステップ①】ピースを集める
【ステップ②】ピースをチェックする
【ステップ③】ピースをグループ化する
【ステップ④】真の問題を発見する

コンセプトピラミッドにおける「ピース」とは、テーマに対する材料やネタの一つひとつのことです。テーマに関連した情報や考え、アイデアなどだと思ってください。

基本的には紙を使いますが、もちろん紙を使わずＰＣ上でもできる手法です。紙で

行なう場合でもPC上で行なう場合でも、「最も小さい情報のカケラ」を「ピース」と呼びます。

別の視点から言うと、頭の中にあるモヤモヤやアレコレの断片とも言えます。

頭の中にあるものを文字化し、書き出していくことでモヤモヤやアレコレを「見える化」していくことが問題発見の「はじめの一歩」です。

書き出す際には、ちょっとしたコツがいくつかあるのですが、それらを意識することで情報の精度が高くなり、思考が見える化されます。

最終的にはピースをグループ化していくことでピラミッド状の階層が出来上がり、**ピラミッドの最上位に真の問題を発見することができます。**

頭の中を棚卸《たなおろ》しして、いくつかのルールとコツに沿って整理することで、自分自身が考えているモヤモヤやアレコレと向き合っていくための技術でもあります。

そのため、最終的に発見した問題への納得感が得られることはもちろんのこと、一つひとつのプロセスにおいても気づきを得ることが多く、「そうか、そうだったんだ」と何度も小さな発見がくり返されます。

発見したことに対して「腹落ち感」が得られますので、大切な時間を投資する価値があると私は確信しています。

このプロセスから得られる価値を感じてもらえているからこそ、コスト管理・時間管理にシビアな有名・大手企業の方々がこの技法に取り組まれているのです。

手順さえ踏めば必ず成果を得られる

自分の中に存在しながらも、今はまだ見えていない真の問題を発見し、気づきを得ることには、それを得た人だけが味わえる大きな驚きと喜びがあります。

とはいえ、こんなふうに言うと、「なんだか難しそう」「私にできるかな?」と不安に思うかもしれません。

しかし、いくつかの簡単なルールやコツに従い、ステップに沿って進めていけば、誰もが真の問題にたどり着けるのがコンセプトピラミッドです。

そもそも「誰もが手順を踏めば必ず成果を得られる」ことを目的として開発された技法なのですから。

もちろん、その過程では「うーん」と考えあぐねることもあるでしょう。

けれども、だからこそ、このプロセスに取り組んだあなたを**「これからの時代における貴重な人材」に育て上げてくれる**のです。

コンセプトピラミッドに取り組む時間は、まさに自らの思考力を鍛え、言語化力を伸ばしていくプロセスそのものです。

情報は簡単にいくらでも手に入る時代になりました。

その反面、「考えること」「書くこと」に取り組む時間は意識しなければ得られなくなったと思いませんか。

コンセプトピラミッドに取り組む時間は、あなたが自分自身と対話できるとても貴重で大切な時間になります。

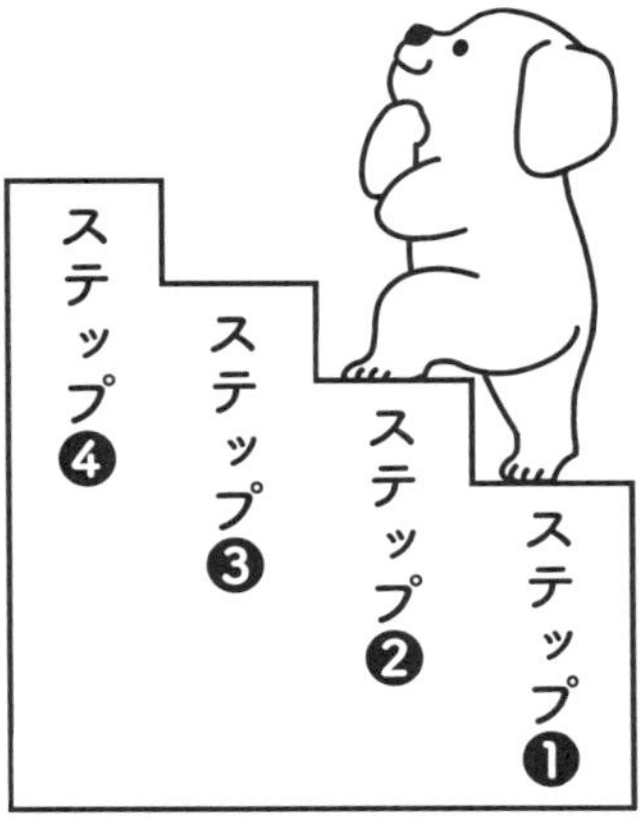

テーマは〝ザックリ〟〝なんとなく〟でいい！【準備①】

では、さっそく準備を進めていきましょう。

まずは、テーマを1つ決めます。

企業の方々に向けたチームで取り組むマーケティングや営業戦略の検討の場面では、ユーザーインサイトや顧客の潜在ニーズを導き出すためのテーマを設定します。

今回は、自分一人で取り組むことを前提としているので、わかりやすく理解してもらうために、個人についてのテーマを設定してみます。

- 今、悩んでいること
- 今、わからないこと
- 今、問題だと思っていること

心の中にあるモヤモヤや悩み、解決したいこと、達成したいことなどを1つ選び、テーマとして設定してください。

「人間関係で悩んでいる」「仕事を辞めたほうがいいのか迷っている」「漠然と将来が不安」

このようなプライベートなことでもいいですし、

「新商品のアイデアが浮かばない」「起業したけど、うまくいかない」「どうやって売り上げを上げたらいいかわからない」

というようなビジネスに特化した内容でもかまいません。

また、

「早起きしたい」「ダイエットしたい」「仕事で成功したい」

というような「願望」や「目的」をテーマにするのもいいでしょう。

テーマを決める際は、具体的に考える必要はなく、ザックリなんとなく思いついたことで大丈夫です。

なぜなら、テーマを決める目的は、自分が今から「何に取り組むのか」を意識し、思考の迷子にならないようにするためだからです。

たとえば、「早起きをしたいけれど、なかなかできない、習慣付かない」という悩みを抱えている場合。

真の問題は「早く起きられない」ことなのか、「早起きの方法がわからない」ことなのか、あるいは全く別なところに問題があるのか、現時点ではまだわからないでしょう。スタート時は、あいまいな状態です。

ですから、「早起きをして健康になりたい」とか「朝の時間を有効に使いたいから早起きをしたい」というように、具体的なテーマを設定する必要はありません。というのも、早起きができない理由は、コンセプトピラミッドを進めるうちに、いずれ明確にわかるからです。ここでは「早起きしたい」というテーマで十分です。

何が問題なのかわかっていて、取り組むべき課題も明確な状態であれば、わざわざコンセプトピラミッドの技法を使う必要などありません。「どうしてできないのだろう」という状態だからこそ、取り組む価値があります。

それでは、ここから3時間目まで具体例を示しながら、コンセプトピラミッドのやり方を紹介していきます。

テーマは「なんとなく仕事の将来が不安」と設定してみます。

こうして設定したテーマは紙に書き、目に入るところに置いたり、貼《は》るなどしておきましょう。

ザックリ
テーマでOK！
なんとなく仕事の
将来が不安

3つのアイテムを使うと、よりスピーディーに！【準備②】

先にも述べましたが、コンセプトピラミッドはPC上でもできますし、紙のノートに書き出していくだけでもできます。

しかし、ある程度この技術やコツが身につくまでは、**あえて「カード」や「フセン」を使って行なうことをおすすめします。**

さて、カードやフセンを用いてコンセプトピラミッドを行なうとき、次のようなものがあると非常に手際よく進めることができるので参考にしてください。

❶カードやフセン

横7センチ×縦5センチ程度の紙片を用意します。小さな文字が気にならない人は、もっと小さなサイズでもかまいません。単語カードや名刺サイズの白いカード、フセンなどは使いやすいアイテムです。具体的には次の通りです。

「白の紙を30～50枚程度」「青の紙を20枚程度」「黄、ピンクの紙を各10枚程度」

ただし、紙の色に決まりはないので、異なる3色があれば何色でも大丈夫です。研修やワークショップのときには、白、青、黄、ピンクのフセンを使っています。

❷黒の筆記具

えんぴつ、シャープペンシル、ボールペン、サインペンなど、黒い文字を書ければなんでもOKです。

❸クリップ

数枚の紙を束ねることが目的です。30個程度あれば安心です。

さあ、準備が整ったら、コンセプトピラミッドを使いこなす「問題発見の旅」に出かけましょう！

さあ、問題発見の
授業を始めよう！

1 時間目

頭の中を「言葉」にする授業

～自分の持つ考え、情報が「見える化」される～

頭の中のモヤモヤを言語化していく

では、ここからは、コンセプトピラミッドのやり方について説明していきます。

ステップ①では「ピースを集める」ことを行ないます。

ピースとは、言葉で書かれた頭の中の一つひとつの情報のカケラのことです。カケラだから「ピース」と呼びます。

問題発見のはじめの一歩は、テーマを持ち、**「頭の中のモヤモヤや考えているアレコレを一つずつ書き出していく」**という作業です。

料理にたとえると「素材を集める」段階と言えます。

頭の中にあるモヤモヤやアレコレは、そのままの状態では頭の中にしかありません。当たり前のことではありますが、誰にも見えません。

そして、もちろん自分にも見えない状態です。見えない状態だからこそ、「どこから手をつければいいのか」「今、自分は何をどう考えていたのか」と自分自身が自分の頭の中で迷子になってしまうのです。

なんの手がかりもない暗闇や濃霧の中にいるのと同じです。見えていないのですからしかたありません。これは決してめずらしい状態ではないのです。

だからこそ、まずは見える状態にしていきます。

ジャーナリングやモーニングノートなどが注目されていますが、「書き出していく」「文字にしていく」という作業は頭をスッキリした状態にしてくれます。

これは、コンセプトピラミッドでも同様です。

この作業をするだけで、自然と頭の中がクリアになっていくことを実感できます。

実際、このステップ①を丁寧に行なうだけでも気づきを得る人は多いものです。

そのくらい**「文字にする」という効果は大きい**のです。

頭の中の思いは主観（しかも、あやふやでとらえどころのない状態）ですが、文字化されることで、自分の思考を客観視できるようになります。

自分の思いを書いただけなのに、文字にすることで、俯瞰《ふかん》してものを見たり、考えたりできるようになるのです。さらに、ピースの動きで思考も刺激されます。

この空間的な動きが、問題発見には非常に効果的です。

このルールでピースの質は劇的に上がる！

ではさっそく、思いや考えを頭の中から取り出して、棚卸ししていきましょう。用意した白い紙に、モヤモヤなどなんでもいいので書き出していきます。

先ほど料理のたとえを出しました。ピースを書き出し、集めていく作業は料理で言うところの「素材集めである」と。

料理でも素材の良し悪しが出来上がりの味に影響するように、コンセプトピラミッドにおいても「素材の質＝ピースの質」は大切です。

とはいえ、難しく考える必要はありません。ピースに書き出していく際に、ちょっとしたルールを設けることで、誰でも質のいいピースを揃《そろ》えることができます。また、このあとの2時間目でも見直す機会があるので、安心して書き出してください。

これらのルールを意識しながら書き出していくことで、このあとのステップにおける作業時間の短縮や、考えやすさ、気づきの得やすさなど、メリットを得られます。

ピースを書く際のルールを、例文を示しながら説明していきましょう。
ルールは全部で7つです。

ルール❶ ワンメッセージで書く
ルール❷ 40文字以内で書く
ルール❸ 主語を書く
ルール❹ 体言止めにしない
ルール❺「〇〇（な）ので」「〇〇（だ）から」「〇〇（の）ため」という文章はNG
ルール❻「〇〇のとき」「〇〇の場合」「〇〇において」という文章はOK
ルール❼「質よりも量」重視で書いていく

ルールを守ると
・各ステップの作業がスムーズになる！
・考えやすくなる！
・気づきを得やすくなる！

ワンメッセージはタイパがいい

【ルール❶　ワンメッセージで書く】

1つのピースは、ワンメッセージで書き出していきます。つまり、1枚の紙には、1つのことだけを書く、ということです。

なぜなら、1つのピースに2つ以上の情報が含まれていると、**解釈や判断に時間を奪われ、思考力をムダに消費してしまう**からです。

このルールは日常的なビジネス文書やメールなどでも十分使える、ベーシックかつ、簡単なルールです。自分が読み手の立場になるとわかると思いますが、1つの文章の中にあれもこれもと用件がつまっていると、読みにくいだけでなく非常に理解しにくいものです。

そのような状況を避けるためにも「1つの文章はワンメッセージで」を心がけてください。

今回の目的は、真の問題を発見すること。情緒的な文章で読み手の感動を獲得することが目的ではありません。自分自身の考えを理解し、問題発見することが目的です。ここで書く文章はあくまでもコンセプトピラミッドの素材です。簡潔でわかりやすい文章、それこそが素材としての必須要件です。

2つの情報が含まれると
解釈や判断に
ムダな時間がかかる！
必ず
ワンメッセージ！

ノンストレスで読める40文字ルール

【ルール❷　40文字以内で書く】

次に、ワンメッセージで書くためのちょっとしたルールを紹介します。

それは、40文字以内で書くということです。

この40文字ルールは日常の仕事や生活でも非常に有効です。コンセプトピラミッドにかかわらず、読みやすい文章や意図が伝わりやすい文章を書きたいと思っている方には、ぜひとも身につけてほしいルールです。ちなみに、私は40文字用のミニフセンをオリジナルでオーダーしてしまうほど40文字推しです。

ビジネスのさまざまな場面で用いる文章、企画書や報告書、メール、SNSなど、そのいずれにおいても、1つの文章は40文字以内で書くことを心がけましょう。それだけで、あなたの文章はわかりやすく、意図が伝わりやすいものになります。

ところで、なぜ40文字なのか。

この40文字という文字数はまさに先人の知恵、**40文字を超えると2つ以上の情報が入っている確率が一気に上がる**ためです。

つまり【ルール① ワンメッセージで書く】に反したものになりやすいのです。文章がわかりにくくなるだけでなく、意図も理解しにくくなる、という結果になりがちです。この状況に陥《おちい》らないための境目が40文字なのです。

また、**一文が40文字以上になると、文章に「ねじれ」が生じやすくなり、主語と述語が連動していない状態を招きやすくなります。**

40文字という基準は、書き慣れていくと感覚として身についてきます。そして、一度徹底的に40文字以内で書く習慣が身につくと、読みやすさ、伝わりやすさが格段にアップしていきます。

これはビジネスにおいて、何よりも強力な武器になります。某大手システム企業の新人研修の一つにも、この「ひたすら40文字で文章を書く」というプログラムがかつてありました。

基本的なことだからこそ、このコツを知っているか否かで差がついていくのです。

意味を間違って読み取らないための一工夫とは？

【ルール③　主語を書く】

次のルールは、文章には必ず主語を入れる、ということ。

主語がないと、文章の意味がわかりづらくなるので、読み直したときに本来意図していない意味でとらえてしまうことがあります。

もっとも今回のケースでは、主語の多くは「私」であるかもしれませんし、自分さえわかればいいのですから、「私」は省略しても大丈夫です。

主語を明確にする必要がある場合、つまり、**自分以外の読み手の存在が想定され、かつ、自分以外のヒト・モノ・コトについて書く際は、必ず主語を書いておきましょう。**

たとえば、「そうじをしても、すぐに部屋が汚れてしまう」と書いた場合。

ひとり暮らしで、そうじをするのも部屋を汚してしまうのも「自分」であれば、主語を追記する必要はありません。

しかし、そうではない場合、たとえば部屋を汚すのが、「自分なのか」「夫なのか」「妻なのか」「子どもなのか」「ペットなのか」によって解決策が異なってくる場合があります。そのため、主語が必要となるのです。

同様に、たとえば、ビジネスに関するテーマで、「ニーズがわからない」と書いた場合。それが「誰の何に」関するニーズであるのか、は明記しておきましょう。

複数ある場合は、それぞれについてピースを分けて書いておきます。

「お客様のニーズがわからない」「取引先のニーズがわからない」、はたまた「時代のニーズがわからない」など、「自分が何をわからないと思っているのか」、それらをそれぞれ書き出していくのです。

誰についての
ヒト
モノ
コト
かは必ず書こう！
これは誰の話だっけ……

「わかったつもり」がなくなる文末のコツ

【ルール④ 体言止めにしない】

体言止めとは、文を体言で終わらせる表現で、主に名詞で終わっている状態のことです。コンセプトピラミッドでは、体言止めで終わる文章を禁止しています。

では、どのような文章を書けばいいのでしょうか。

一番シンプルにお伝えすると、**文末に「です」、あるいは「だ」などを付けてほしい**のです。

「そんなにこだわること?」と疑問に思ったかもしれません。これらを付けたところで意味に変わりはないじゃないか。そう思うのも無理はありません。

しかし、このように並べてみるといかがでしょうか。

体言止めとは、名詞で終わっている状態のこと**ですか**。

体言止めとは、名詞で終わっている状態のこと**ではない**。

体言止めとは、名詞で終わっている状態のこと**かもしれない**。


そうです、**日本語は文末まできちんと書かれていないと本来は意味が理解できないのです。**

最後まで書くことで「肯定文なのか？」「疑問文なのか？」「否定文なのか？」が、はじめてわかるのです。

文末を割愛する体言止めは、文章としてわかりづらいだけでなく、意味を誤認してしまう可能性が高いのです。

だからこそ、体言止めを禁止して、意図をあいまいにしない効果を狙います。


ここでは、標語やキャッチフレーズを書くことが目的ではありません。あとのステップの効率化のためにも、体言止めにはしないことを心がけていきましょう。

文末が書かれていないと
意味が理解できないから
体言止めはやめてね〜
ハイ！
体言止めは使いません！

原因究明を妨げる接続詞とは？

【ルール❺「〇〇（な）ので」「〇〇（だ）から」「〇〇（の）ため」という文章はNG】

私たちは日頃、無意識に因果関係を表す文章を使っています。因果関係がある文章とは、

「〇〇（な）ので」
「〇〇（だ）から」
「〇〇（の）ため」

という接続詞を含む文章です。たとえば、

雨だから、会社に行きたくない

というような文章です。

実は無意識に使っているこうした文章が、真の問題の発見を邪魔していることがあります。**因果関係で表現することにより、原因を安易に決めつけてしまう可能性がある**からです。

コンセプトピラミッドでは、こうした因果関係を含む文章を避けます。

それは、なぜか?

2つの情報をこれらの接続詞でつないだとしても、その原因と結果が必ずしも「正しい」とは限らないからです。

たとえば、先ほどの、

雨だから、会社に行きたくない

という文章の例で考えてみましょう。

これは、「今日は雨が降っている」と「会社に行きたくない」という2つの情報を「（だ）から」という接続詞を使い、「雨が降っている（原因）」と「会社に行きたくない（結果）」を因果関係で結びつけています。

しかし、本当にそうなのでしょうか。

会社に行きたくない真の理由は、「雨」のせいではなく、「昨日上司に怒られた」せいかもしれません。あるいは、「午後に英語の会議が予定されている」せいかもしれません。

たしかに「会社に行きたくない」、そのきっかけの一つとしては「雨」が作用しているかもしれません。しかし、それを最初から「雨だから、会社に行きたくない」と決めつけてしまうと、真の問題を見つけるチャンスをみすみす手放してしまうことになります。

たとえば、解決策として、同じミスをしないための対策を考えたり、英語力の強化策と向き合うのではなく、気分が上がる傘を買ってしまうことになりかねない、ということです。

自分が生み出す文章は、自分なりの思い込みが文章に表れます。だからこそ、素材の段階ではできるだけ固定概念を取り払っておきたいものです。

1枚のピースにつき、1つのメッセージで書くことがコンセプトピラミッドのルールです。

因果関係で結ばれた2つの情報をあえて2枚のピースに分けて書くことで、真の問題発見に近づけます。

接続詞によって、
原因を安易に決めつけて
しまわないように
注意してね
ので
から
ハイ！
ため

「その場合しかない」ときはＯＫ！

【ルール❻ 「○○のとき」「○○の場合」「○○において」という文章はＯＫ】

因果関係を持ち込むことはＮＧですが、限定的な条件を示すことはＯＫです。

先ほどの「雨だから、会社に行きたくない」という文章は、仕事に行きたくない原因はいくつかあるかもしれないにもかかわらず、原因をはなから1つに固定してしまっているから分けて書きましょう、としました。

たとえば、実際に「昨日上司に怒られたから、会社に行きたくない」のだとしたら、「雨であろうと晴れであろうと、会社に行きたくない」わけです。

天候にかかわらず行く気になれないのに、そのうえ雨も降ってきてますます行く気になれない、それゆえ「雨だから、会社に行きたくない」となったわけです。

こうした因果関係の文章は2つに分けます。

しかし、

バスが混みがちな雨のときは、会社に行きたくない

という文章は「雨でバスが混んでいるとき」だけ、という「限定的条件」のもとでの状況を描いています。

原因と結果が明確な関係にあるので、このような際は、1つの文章にしてもかまいません。

自分では気づいていない凝《こ》り固まった意識や思考に疑問の目を向けることが、真の問題を発見するための土台をつくります。

慣れないうちはちょっとした手間感をいだくかもしれませんが、まずはこれらのルールを見ながら、ピースを書き出し、集めていきましょう。

いくつかの可能性
限定条件

思いつくままに書くから質も上がる！

【ルール❼「質よりも量」重視で書いていく】

ピースは、「質よりも量」を重視します。

商品開発などのアイデア発想も同様ですが、常に質は量から生まれます。成果を求めるのなら、そのための量をこなすことはおろそかにできません。野球選手も、打席に立たないことには打率を上げられません。

ですので、まずは質にとらわれず、思いつくまま自由に書き出していきましょう。おそらく書いていくうちに、さらに思いつくことが出てくると思います。芋づる式、大歓迎です。**「こんなこと書いていいのかな？」「間違っていないかな？」などと思っても心配無用**です。

テーマにもとづいたモヤモヤやアレコレを書き出すことが目的ですから、「正しいか間違っているか」を気にする必要はありません。

とにかく、まずは書いていくことが大切です。仮に余計なことを書いたとしても、あとからいくらでも削除できます。

しかし、書き出さなかった思いをあとから書こうと思っても、思い出せないことが多いものです。

そのときの勢いや気持ちが込められた表現というのはそのときだけのもの。往々にして思い出すことが難しくなります。

ピースは、30枚ほど書き出してください。

質を確保するために30枚以上は書き出したいのですが、たとえば10枚程度しか書き出せなかったら、わざわざこのコンセプトピラミッドの技法を用いる必要はなく、簡単に整理し、問題を把握できるはずです。

このコンセプトピラミッド、簡単には手に負えないテーマにこそ真価を発揮します。難しいテーマほど、書き出していくとすぐに30枚を超えるでしょう。

ここで書き出したピースについては、2時間目以降でゆっくり精査していきますので、自分の考えや気持ちに遠慮せず、どんなことでも書いてください。

テーマに関する事実や疑問点、情報、自分なりに解決策だと思うことなど、とにかく頭に浮かんだことは遠慮せずに書きましょう。

思いついたら、まずは書く。そのための30枚ルールです。

良い情報を書こうと思うと、どうしても手が止まってしまいますが、美文や正解を求める必要はありません。恐れずに素直に書いていきましょう。

10分で40枚を書けたという人もいれば、数時間かけてようやく30枚書ける人もいます。要は自分のペースで書けばいいのです。

無理やりひねり出して書く必要もありません。なかなか書くことが思いつかない人は、はじめのうちはゆっくり時間をかけてかまいません。

「意外と簡単に全部書けた」という人は、一度クールダウンしたあと、もう一度見直してみてください。書き漏らしていた大事なピースに気づけるかもしれません。

ひと通り書き終わったら、過不足を確認するためにも、一度冷静になり、見直してみましょう。

３０枚以上つくると
質が上がるよ！

こんな30ピースが出来上がる

ピースを書き終えたら、1時間目は終了です。

今回、**「なんとなく仕事の将来が不安」というテーマ**に対して、30枚のピースが出来上がったとしましょう（次ページ）。

読むとわかりますが、実はルール通りではない表現もいくつか含まれています。

「まずは思いつくまま書き出し、素材を集めること」が1時間目のミッションです。勢いで書いていくと、一つひとつのルールを気にしていられなくなる、ということもよくあります。

そのため、コンセプトピラミッドでは各ピースを見直し、素材の質を整えていく作業を2時間目で行ないます。

だからこそ、**ここでは安心して書き出すことに集中してください。**

家で横になっていると疲れを癒やすためであっても、ものすごく怠惰なような気がして自己嫌悪に陥る	目の前の仕事も大事だ	1日1時間の勉強時間を確保するためには何をすればいいのだろう
一生使えるような資格が欲しい	社内で仕事ができる先輩の時間の使い方を見習いたい	家に帰るとスイッチが切れた感じになってしまう
お金の勉強はちゃんとした情報源を選ばないとダマされたり損しそうだ	疲れることはないのだろうか	朝活に挑戦するとか？
どうやって判断すればいいのかわからない	今の仕事のままでいいのか不安	10年後も楽しく働いていたい
友達には聞きにくい	スキルアップとは別にお金の勉強も必要	楽しく働くってなんだ？

なんとなく仕事の将来が不安

もっとスキルアップをしなきゃいけないと思うけれど、なんのスキルを磨くのがいいのか迷っている	難しそうだ	実は料理を習いに行きたい
そもそもスキルアップするための勉強時間の確保もお金の確保も難しい	勉強することは嫌いじゃない	やりたいことが多いから、体力をつけることが先かもしれない
専門学校のようなところへ行くのがいいのか、オンライン講座がいいのか、自分にはどっちが向いているのか	自分の時間がなくなりそうなので、副業をする気はない	体力がないとやりたいこともできない
今の会社に今後もいる場合と転職を前提とした場合では必要なスキルも違う	自分の時間には趣味のスキルアップもしたい	家で何もできないと時間をムダにしたように感じてしまう
資格勉強より語学勉強やIT系の勉強のほうが先かもしれない	自分の自由な時間はそれなりに確保していきたい	最近疲れ気味で、家に帰ってもすぐに横になってしまい、何もできないし、する気にもなれない

問題発見力が
ついてきているよ！

2 時間目

思考の質を上げ、整える授業

～「あいまい」「わかったつもり」「バラバラ」がなくなる～

チンジャオロースの素材はどうなってる？

コンセプトピラミッドのステップ②は、**ピースをチェックし、そしてわかりやすく誤解のない文章に整えること**です。

具体的には、1時間目で書き出したピースを1枚ずつ読みながら確認し、修正や削除をしながらピースの質を上げていきます。

どうしてわざわざこのような手間暇をかける必要があるのでしょうか。

1時間目は、料理にたとえると素材を集める段階である、と書きました。

この**2時間目は、集めた素材の下ごしらえ**をする段階です。

たとえば野菜を使うメニューの場合、まずは皮をむき、種や傷んだところを除き、メニューにふさわしい形に切り揃えていきますが、まさにそのイメージです。

中国料理のチンジャオロースをご存じだと思います。豚肉、タケノコ、ピーマンなどが同じ大きさ、形に切り揃えられていますよね。

もしも、それらが大きさも形もバラバラだとしたらどうでしょうか。きっと調味料のからみ方や火の通り具合を損ね、出来上がりに大きく影響するでしょう。

また、本来取り除くべき皮や傷んでいる部分がそのまま混ざっていたら、やはり味を損ねてしまいます。

このあとの3時間目では、書いたピースのグルーピングを行ないますが、実はこのグルーピングの出来を大きく左右するのが、ピースの質なのです。

とはいえ、ピースの質に必要以上に神経質になって、手が止まってしまっては本末転倒です。

だからこそ、1時間目ではルールを示しつつも、まずは書き出すことに専念し、**2時間目でルールに沿って見直していく、**というステップを設けています。

このような進め方はマルチタスクが苦手な人でも、一つひとつ成果を積み上げていくことができる方法です。

書き出すときには、書くことに集中する。

見直すときには、チェック&修正だけに取り組む。

シンプルな脳の使い方をすれば、エネルギー不足にならず問題発見がしやすくなります。

それでは、ピースを整えていきましょう。

と、その前に。ここで一度、頭をクールダウンさせます。

ぼーっとする時間をつくる大きなメリット

頭の中を文字にしていくことで、「自らの思考と客観的に向き合える」と1時間目でお伝えしました。

自分が書いた文章と冷静に向き合ってこそ、チェックと修正を効果的に進めることができ、ピースの質が高まります。

今、目の前には、先ほど紹介した30枚のピースが揃っている状態です。

一度、その場から離れ、休憩《きゅうけい》を入れましょう。

コーヒーを飲んだり、音楽を聴いたり、あるいはちょっと散歩に出るのもいいでしょう。自分がリラックスできることをやってみてください。15分もとれば十分ですが、60分くらいリラックスの時間がとれると最高です。

こうして一度、書き上げたピースから離れることで、頭を切り替えることができます。

人の脳には、「デフォルト・モード・ネットワーク」という機能があります。

ぼーっとしている状態のときほど創造性が高まり、思いもしない考えや気づき、アイデアが生まれます。

ひらめきや発想が促進される機会や場所として有名な「三上（馬上・枕上《ちんじょう》・厠上《しじょう》）」がありますが、現代に当てはめれば「移動中・寝る前や寝起き・トイレやバスルーム」での時間が当てはまります（ちなみに私の場合は、圧倒的にシャンプータイムにひらめくことが多いです）。

せっかく誰にでも備わっているこの機能を活かすためにも、あえて脳をぼーっとさせるために休憩をとりましょう。忘れていたことや抜けていたピースを思い出すかもしれません。

1時間目が終わったら、まずはいったん見える景色を変え、頭をスッキリさせる。そうすることで、新しい気づきを得やすくなります。

10秒見て「あれ？」をはじいていく

クールダウンしたら、再びピースに向き合います。自分が書いたピースではありますが、いい意味で「他人事」として向き合えればしめたものです。

ここでは手元に30枚のピースの束を持って、トランプを配るようにテンポ良く読んでいきます。

1時間目のルールを意識し、各ピースがそれぞれのルールに則っているかどうかをざっとチェックしていきます。

特に確認してほしいルールは次の5つです。

- ワンメッセージで書かれているか？
- 40文字以内になっているか？
- 主語は書かれているか？

・体言止めになっていないか？

・「〇〇（な）ので」「〇〇（だ）から」「〇〇（の）ため」の因果関係になっていないか？

1枚1枚に目を通し、「あれ？」と思うものをはじいていきます。問題がなければ手元に残しておきます。

「あれ？」と思ったピースの置き場所を決めて1カ所に集めておくとやりやすいでしょう。このチェックの段階では、

「あれ？　2つのことが書いてあるな」

「あれ？　これは誰の（なんの）ことだっけ？」

「あれ？　理由を決めつけてしまっているかも」

などと、パッと一読したときの印象で判断していきます。

くれぐれもそのピースに対し意味や答えを求めて、考えすぎないでください。

あくまでもここでは1時間目のルールが守られているか否か、ただそれだけに集中

してください。だからこそ、最長でも「1ピース10秒」の確認で十分です。

10秒という短い時間でパッと読んで意味がわからないピースやルール違反のピースは、3時間目でグルーピングをする際に、非常にやっかいな存在になりがちです。3時間目のグルーピングは、最も時間と思考力を要します。問題発見の旅の醍醐味《だいごみ》でもありますが、集中力とエネルギーは3時間目にとっておきましょう。

そのような場面で、**「これはなんのことだ?」「どういう意味だっけ?」と、いちいち不良ピースに対して考え込んでしまうと問題発見になかなかたどり着けません。**

途中で頭の回路が中断されてしまうと、再び同水準の集中力に戻すには、当初かかった労力の何倍も力が必要です。なんとしてもそのような事態は避けたいものです。

そうならないためにも、この段階できちんと不良ピースを仕分けしておきましょう。

とはいえ、深く考える必要はありません。パッと読んで、確認をしていきます。なかには1時間目のルール以前の問題として、日本語としてしっくりこない、なんのことを書いたのか忘れてしまった、意味不明というピースもあるかもしれません。

パッと読む。

あれ?　と思ったらはじく。

ピースのチェックは、それだけの作業です。厳密に読み込んだり、ピースの中で答えを探したり、意味を完結させたりする必要はありません。

コンセプトピラミッドにおけるピースとジグソーパズルのピースの1つひとつは多くの場合いくら凝視しても意味がわからないものです。

色などを手がかりに似ているものを集めながらつなげていき、いくつかつながったところでモチーフが具体的に見えてきます。

こうした点がまさにコンセプトピラミッドにも共通しています。

ピースチェックの時点では、単なる1つのピースでしかありませんし、そのピースをいくら凝視してもそこに答えは見出せません。

考えずに確認するのみ。あくまでも1ピース10秒、誤字脱字はないか、意味は通じるか程度のチェックで十分です。

ひと通り目を通したら、次に、ルールから外れているピースを修正していきます。

1ピースは10秒でチェック！
あれ？っと思ったらはじこう！
考えるな、感じろ～～笑
NG
OK
あれ？

とにかく情報は分けること！

【修正①　ワンメッセージになっていない↓2つ以上のことは分けていく】

1時間目の最後に示した**「なんとなく仕事の将来が不安」**というテーマに基づき書き出した30枚のピースの中にも、ワンメッセージになっていないピースがありました。

その1つが、

そもそもスキルアップするための勉強時間の確保もお金の確保も難しい

というピースです。「これはワンメッセージではないの？」と思う方もいるかもしれません。しかし、このピースには、

① **そもそもスキルアップするためのお金の確保が難しい**

② **そもそもスキルアップするための勉強時間の確保が難しい**

という2つの情報が含まれていることがわかると思います。

こういう場合は、2枚の紙に1つずつ分けて書き直します。また、

最近疲れ気味で、家に帰ってもすぐに横になってしまい、何もできないし、する気にもなれない

というピースには、なんと4つの情報が含まれています。

① **最近疲れ気味だ**

② **家に帰ってもすぐに横になってしまう**

③ **帰宅後は何もできない**

④ **帰宅後は何もする気になれない**

後半の2つは同じではないの？　と思うかもしれませんが、「何もできない」というフィジカルな状態と、「何もする気になれない」というメンタルな状態は異なるものとして分けておくことをおすすめします。

この場合も、1枚ずつ文章化し、4枚の紙に書きます。

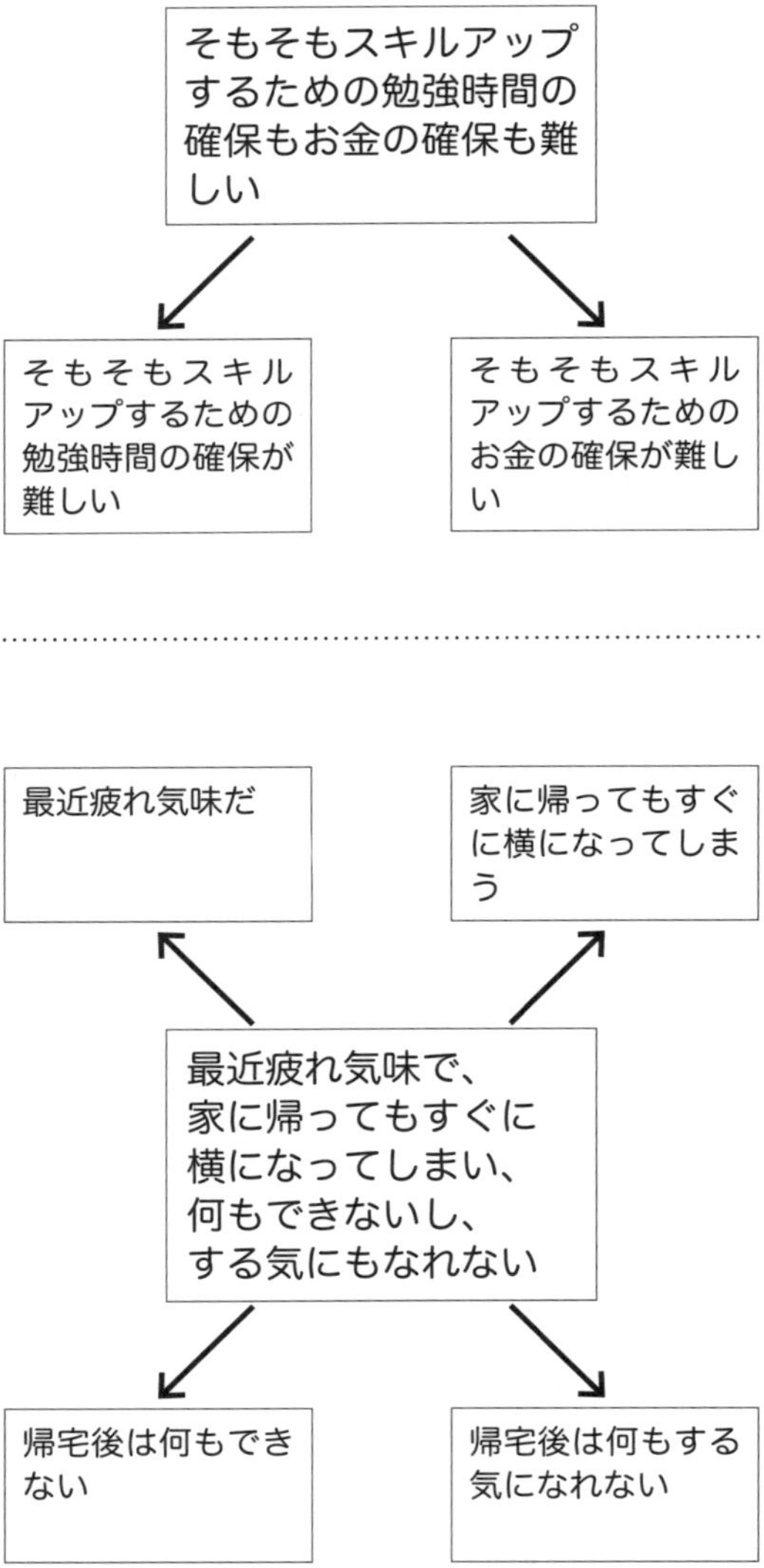

資格勉強より語学勉強やIT系の勉強のほうが先かもしれない

というピースには、２つの情報が含まれています。

①**資格勉強より語学勉強のほうが先かもしれない**
②**資格勉強よりIT系勉強のほうが先かもしれない**

さらに、

お金の勉強はちゃんとした情報源を選ばないとダマされたり損しそうだ

というピースにも、２つの情報が含まれています。

①**お金の勉強はちゃんとした情報源を選ばないとダマされそうだ**
②**お金の勉強はちゃんとした情報源を選ばないと損しそうだ**

これらは、２つの紙に１つずつ分けて書き直します。

ワンメッセージずつ分けていくと、このあとに続くピースをグルーピングする場面（ステップ③）で格段に整理しやすくなります。このひと手間を大切にしましょう。

資格勉強より語学勉強や IT 系の勉強のほうが先かもしれない

資格勉強より語学勉強のほうが先かもしれない

資格勉強より IT 系勉強のほうが先かもしれない

お金の勉強はちゃんとした情報源を選ばないとダマされたり損しそうだ

お金の勉強はちゃんとした情報源を選ばないとダマされそうだ

お金の勉強はちゃんとした情報源を選ばないと損しそうだ

頭がいい人は長い文章をこう扱う

【修正②　40文字を超えている→40文字以内に分けていく】

「なんとなく仕事の将来が不安」のテーマにおけるピース事例の中で、40文字以上になっているピースは、次のものがありました（修正①で紹介したピースは除く）。

「専門学校のようなところへ行くのがいいのか、オンライン講座がいいのか、自分にはどっちが向いているのか」

「もっとスキルアップをしなきゃいけないと思うけれど、なんのスキルを磨くのがいいのか迷っている」

「家で横になっていると疲れを癒やすためであっても、ものすごく怠惰《たいだ》なような気がして自己嫌悪に陥る」

これらを見ると、いずれも2つ以上の情報が含まれていることが理解できるでしょう。ここでも修正①と同じように、情報の要素ごとに紙を分けて書いていきます。また、その際は必要に応じて言葉を補っていきます。

専門学校のようなところへ行くのがいいのか、
オンライン講座がいいのか、自分にはどっちが向いているのか

←

① 自分には専門学校のようなところへ行くほうが向いているのか

② 自分にはオンライン講座のほうが向いているのか

もっとスキルアップをしなきゃいけないと思うけれど、
なんのスキルを磨くのがいいのか迷っている

←

① もっとスキルアップをしなきゃいけないと思う

② なんのスキルを磨くのがいいのか迷っている

家で横になっていると疲れを癒やすためであっても、ものすごく怠惰なような気がして自己嫌悪に陥る

↓

① 疲れを癒やすために横になっているとき、ものすごく怠惰な気がする

② 疲れを癒やすために横になっているとき、自己嫌悪に陥る

このように、直していきます。

また、長い名称等によって40文字を超えてしまいそうなときは、略称を用いても構いません。

たとえば、「コンビニエンスストア」を「コンビニ」、「ハードディスクドライブ」を「HDD」など、文字数を減らすことでスッキリした文章にしていきます。

40文字ルールを守ると4つの力も伸びる！

40文字という文字数の制約がある中で文章を書くことは、思考力や伝達力など、さ

専門学校のようなところへ
行くのがいいのか、
オンライン講座がいいのか、
自分にはどっちが向いているのか

↙ ↘

自分には専門学校のようなところへ行くほうが向いているのか

自分にはオンライン講座のほうが向いているのか

もっとスキルアップを
しなきゃいけないと思うけれど、
なんのスキルを磨くのがいいのか
迷っている

↙ ↘

もっとスキルアップをしなきゃいけないと思う

なんのスキルを磨くのがいいのか迷っている

家で横になっていると
疲れを癒やすためであっても、
ものすごく怠惰なような気がして
自己嫌悪に陥る

↙ ↘

疲れを癒やすために横になっているとき、
ものすごく怠惰な気がする

疲れを癒やすために横になっているとき、
自己嫌悪に陥る

まざまなスキルを得る練習にもなります。

人は、常に頭の中でなんらかの文章を組み立てながら生きています。「おなか空いたな」「眠くなっちゃったな」「もう帰りたいな」なども文章です。

そして、他者とも常に文章を伝え合ってコミュニケーションを図っています。もちろん、表情など文章以外での伝達もし合いますが、それらを脳内では無意識に「いい感じの人だな」と文章へと変換しています。

私たちと文章は密接につながっているのです。

こうしたコミュニケーションの素材でもある文章ともっと親しくなれば、**「物事に向き合う力」「気づく力」「発想する力」「伝える力」といったスキルまで得ることができます。**

その意味でも、このコンセプトピラミッドを活用し、各種ルールに従っていくことは、文章力、コミュニケーションスキルをアップさせる練習になり、伝える力が格段に伸びていくと言えるのです。

やっぱりあったほうがいい「主語」と「目的語」

【修正③-Ⓐ　主語がない↓必要に応じて主語を加筆する】

「なんとなく仕事の将来が不安」の事例の中で、主語がないピースは、

「疲れることはないのだろうか」

というものがあります。

このように、主語が抜けてるときには、ピースに主語を追記します。

この場合では、前後の文脈や他のピースに書かれていた内容から、「仕事ができる先輩」のことを言っている、ということがわかりますので、

疲れることはないのだろうか

←

仕事ができる先輩は疲れることはないのだろうか

難しそうだ

↓

難しそうだ
勉強時間の確保は

疲れることはないのだろうか

↓

疲れることはないのだろうか
仕事ができる先輩は

と書き足していきます。

もう1つも修正しておきましょう。

難しそうだ

←

勉強時間の確保は難しそうだ

【修正③-Ⓑ　目的語がない↓必要に応じて目的語を加筆する】

ところで、事例のピースを改めて読み直していくと、一瞬「ん？」と思うピースに出会います。たとえば、

「友達には聞きにくい」

というピースがそれです。いったいなん

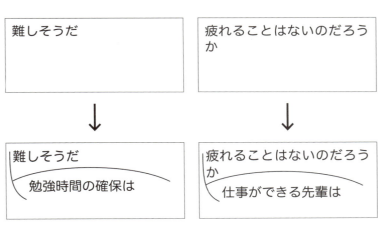

のことを「聞きにくい」と思っていたのか……。書いたときには意味がわかっていたはずなのに、これだけ見ると「あれ？　なんだっけ？」となります。

このように意味がわかりにくい文章は、「目的語（何を）」が書かれていない場合が多いものです。

主語を補った要領で、目的語についても気づいたものは書き足していきましょう。

友達には聞きにくい

←

友達にはお金のことを聞きにくい

どうやって判断すればいいのかわからない

←

ちゃんとした情報源をどうやって判断すればいいのかわからない

目的語と主語を明確にし、パッと読んで理解できる文章に書き直していきます。

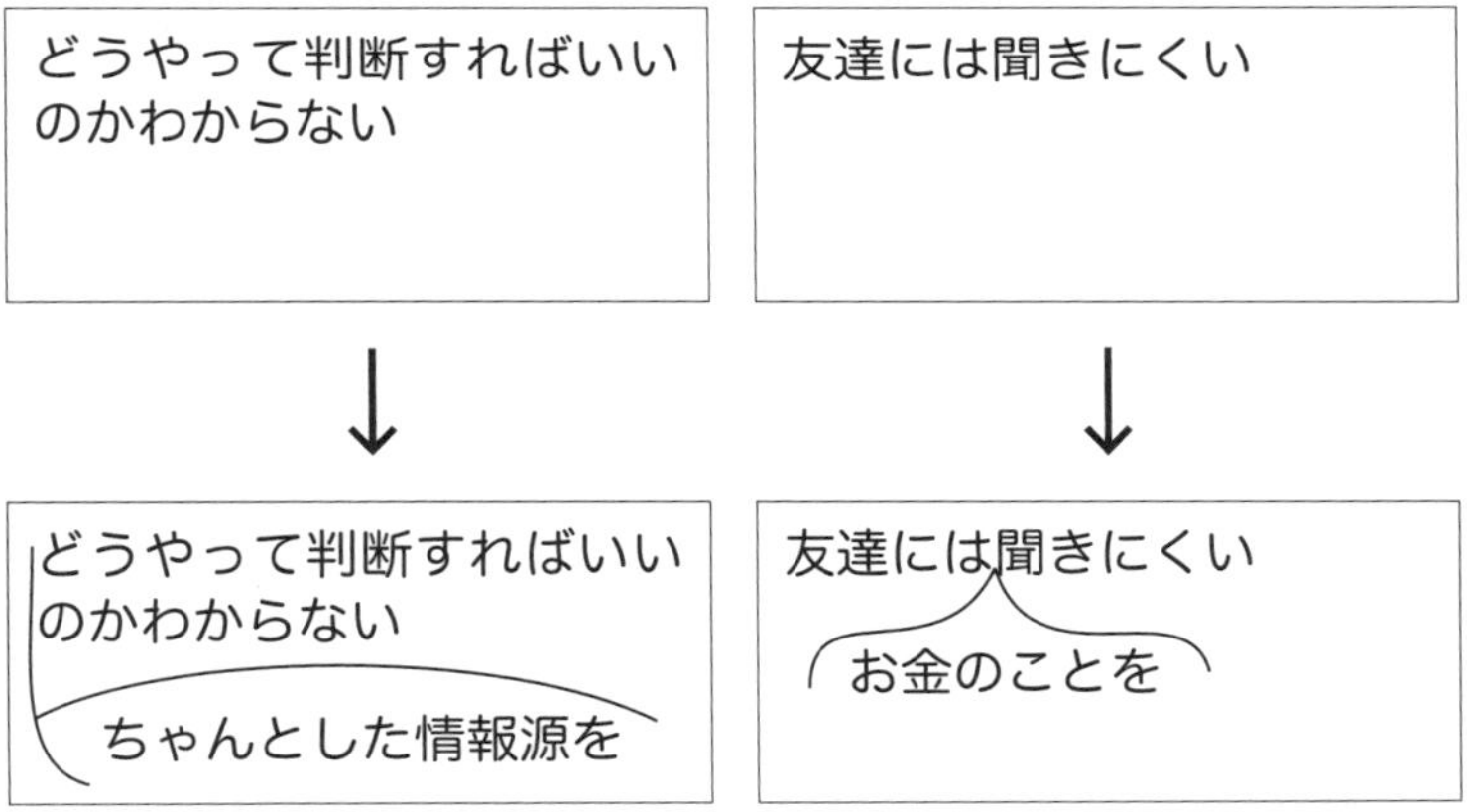
どうやって判断すればいいのかわからない
友達には聞きにくい
どうやって判断すればいいのかわからない
ちゃんとした情報源を
友達には聞きにくい
お金のことを

こうして改めて書くと「そんなことはわざわざ言われてなくてもわかっている」と思われる方も多いでしょう。

しかし、こうした小さな当たり前を雑に扱ってしまうと真の問題は発見できません。

体言止めの改善は素直な思いで！

【修正④　体言止めになっている↓文末を書き足す】

「なんとなく仕事の将来が不安」の事例の中で、体言止めで書かれているピースは次の2つです。

「今の仕事のままでいいのか不安」
「スキルアップとは別にお金の勉強も必要」

これらに文末を書き足すとき、あなたならどのように書き足しますか。

「不安だ」と書くのと「不安に思う」と書くのでは、不安の強度の印象が異なります。気持ちの中で明確に「不安だ」と断定できるのか。それとも、「ちょっと不安だなぁ」というように、まだ自分の気持ちがあいまいなのか。

改めて自分の気持ちと向き合いながら、文末に追記してください。**正解は書き手であるあなた自身の中にしかありません。**自分の素直な思いで書きましょう。

今の仕事のままでいいのか不安
←
今の仕事のままでいいのか不安だ
←
スキルアップとは別にお金の勉強も必要
←
スキルアップとは別にお金の勉強も必要だと思う

今回はこのように、修正しました。

こうして、一度書いたピースと向き合い、ピースを直しながら考える時間は、改めて自分の頭の中を見つめる時間でもあります。

体言止めの文末を書き足す際は、自分の気持ちや感情を表せる言葉を追記していくことに努めましょう。

今の仕事のままでいいのか不安

↓

今の仕事のままでいいのか不安**だ**

スキルアップとは別にお金の勉強も必要

↓

スキルアップとは別にお金の勉強も必要**だと思う**

原因を決めつけないためのコツ

【修正⑤　因果関係になっている→2つに分ける】

「なんとなく仕事の将来が不安」の事例の中で、因果関係が書かれているピースは、

「自分の時間がなくなりそうなので、副業をする気はない」

「やりたいことが多いから、体力をつけることが先かもしれない」

の2つです。これらのピースはともに、原因を決めつけていることがわかります。

「副業をする気」がないのは時間の問題だけなのでしょうか。「体力をつける」ことを優先したい理由は、「やりたいことが多いから」、本当にそれだけなのでしょうか。

他に原因があったとしても、これらも原因の一つには違いないのだから、別に分ける必要はないのでは、と思うかもしれません。

しかし、人間の脳は思っている以上に単純な一面があります。「副業は自分の時間がなくなりそうだ」と書いてしまうことによって、そう思い込んでしまうのです。

他の原因を探すことに対して、無意識にブレーキがかかり、本当の原因にたどり着きにくくなります。

まだ見えていない潜在的な問題を発見したい、という課題を解決するために開発されたコンセプトピラミッドは、原因と結果を一度切り離すことで、顕在化されていない問題発見の可能性を広げているのです。では、実際に切り離していきましょう。それまでの因果関係を崩し、言葉を補いながら、２枚に分けていきます。

自分の時間がなくなりそうなので、副業をする気はない

←

① **副業は自分の時間がなくなりそうだ**

② **自分の時間がなくなる副業をする気はない**

やりたいことが多いから、体力をつけることが先かもしれない

←

① **やりたいことが多い**

② **体力をつけることが先かもしれない**

このように、それぞれ2枚の紙に分けて表現していきます。

さあ、ここまでで1時間目に上げたルールと照らし合わせた基本的なチェックと修正は終わりました。

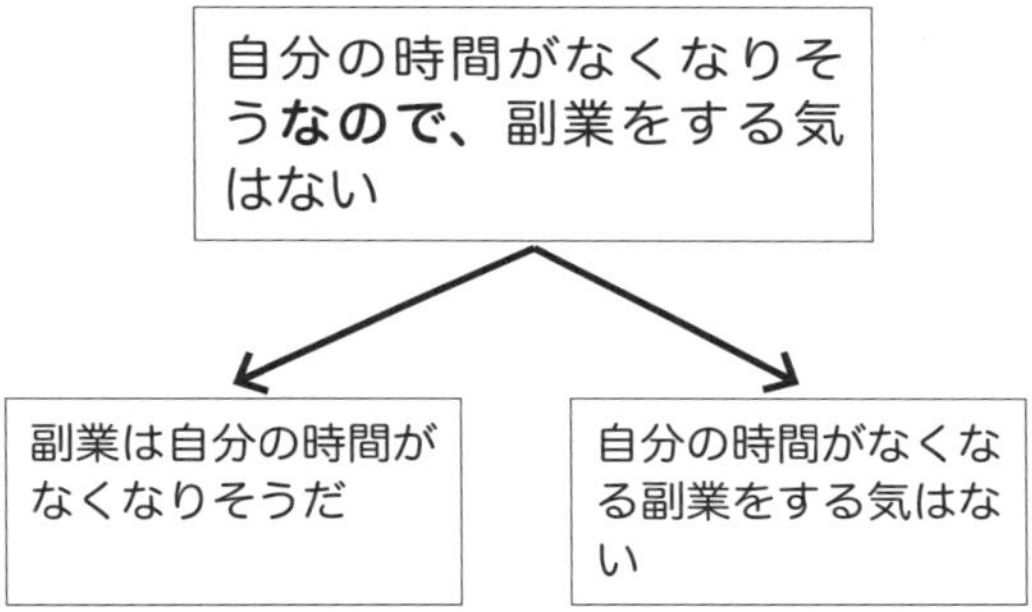
自分の時間がなくなりそうなので、副業をする気はない
副業は自分の時間がなくなりそうだ
自分の時間がなくなる副業をする気はない

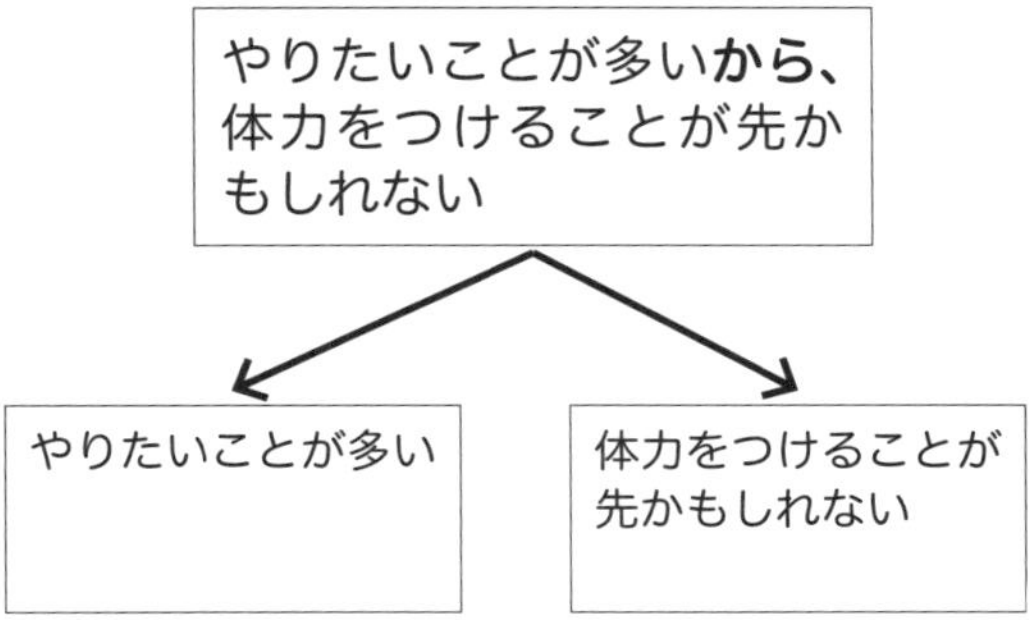
やりたいことが多いから、体力をつけることが先かもしれない
やりたいことが多い
体力をつけることが先かもしれない

あとで読んで「？」となったカオスピースの処理法

【チェック時のコツ①　読んでも意味がわからないものは捨てる】

ここからは、チェック＆修正以外のコツを紹介します。

1時間目で勢いに乗ってピースを書き出したものの、改めて読むと自分でも意味がわからない、なんのことを書いたのか思い出せない……。そのようなことは、しばしば起こります。修正以前の問題です。

10秒で読んで意味がわからないと思ったピースは捨てる。

こうしてください。わからないものをいくら考えてもわかりません。

ピースを書く際、疲れていたり、眠かったりすると、あとで読み返したときに意味がわからない、ということはよくあるのです。

ですから、10秒考えてもなんのことだか思い出せなかったり、意味がわからなかっ

たりするピースがあれば躊躇《ちゅうちょ》なく捨てましょう。

ただし、「捨てる」といっても、ぐしゃぐしゃにしてゴミ箱にポイ、と捨てるというわけではありません。

よけておくイメージで、他のピースと混ざらないように離しておくのです。

あとで使うことになる可能性もなきにしもあらず、です。

こういうピースを「カオスピース」と呼んでいます。

「今、答えを求めても わからなくて当たり前」と割り切る

【チェック時のコツ②「なぜ?」は追求しない】

ピースチェックの注意事項として前にも述べましたが、2時間目のピースのチェック&修正の段階においてもっとも注意してほしいのは、「理由を考えない」ということです。この時点で「なぜ?」と考えても、答えは出ません。

この段階であっさりと問題が発見できて満足できる答えが得られるのならば、そこで終了。コンセプトピラミッドの助けは不要です。

以前にジグソーパズルのピースの話をしました。1つひとつのピースには意味がないけれど、つながっていくことで「なんのモチーフかがわかってくる」という話です。

2時間目が終わった段階では、まだピースは単独で存在している状態です。つながっていません。ですから、「なぜ?」と問うても答えがなくて当たり前なのです。

「なぜ?」に関しては、次の3時間目で徹底的に考えていきますので、2時間目では

理由は考えず、ピースを修正することだけに集中してください。

今はあくまでもピースの質を整える段階です。

「素材に傷んだ部分はないかな?」くらいの気持ちで、ピースをチェックしてください。

思いついたら遠慮なくピースを増やしていい！

【修正時のコツ　ピースは増やしてもOK】

チェック&修正の過程でピースが2枚に増えたり、4枚に増えたりすることもありますが、それ以外にも、**思いついたことがあれば、遠慮なく追加しましょう。**

ピースを追加する際に深く考えて、

「いや、これは追加する必要はないかも？」

「ここに同じようなものがあるから、追加しなくてもいいかな？」

などと考える必要はありません。

思いついたことは出し惜《お》しみせず、とりあえず書いておきましょう。

前にも書いたとおり、あとで思い出すことはとても労力を要します。思い立ったら吉日、です。なにはともあれ、自分の思いつきやひらめきを素直に正直に書くことは、問題発見の姿勢として、とても重要な条件であることを忘れずにいてください。

グループ化する前に、全体像をながめておこう

ここで、3時間目のグルーピングに向けて、ピースの全体像と向き合っておきます。

実は、「ピースを書き出すとき」と、「チェック&修正のとき」で、合計2回、1枚1枚のピースとすでに向き合っているのですが、ピースの全体像を俯瞰《ふかん》する機会はまだ一度もありませんでした。

そこで、**3時間目に行く前に、ピース全体と向き合っておきます。**

ただし、ただ漠然と向き合っては意味がありませんので、向き合う際のちょっとしたコツをご紹介したいと思います。

【全体と向き合うコツ① 頭の中の分類で分けてみる】

これまで2回、ピースに目を通してきました。

ざっくりとした印象で「だいたい○○や□□などについて書いてあったな」と頭の

中で分類のキーワードができていると思います。

たとえば、私はピース全体を見て、「将来不安」「仕事の疲れ」「何を勉強するか」「勉強時間」「仕事以外の勉強」という5つの分類キーワードが浮かびました。

ここではそれらが正しいか否かは重要ではありません。**あくまでもピースの全体像を自分なりに理解することが大切**です。

いったんこの5つのキーワードをフセンに書いて、机などの上で各分類に当てはまるものを、1枚ずつ読みながら置いていきます。

このとき、ピースの総数が30～50枚程度だとしたら、「5～7分類」程度の分類キーワードを設けるとともに、「その他」を付け加えておいてください。

この「その他」が、実は大きな意味を持つのです。

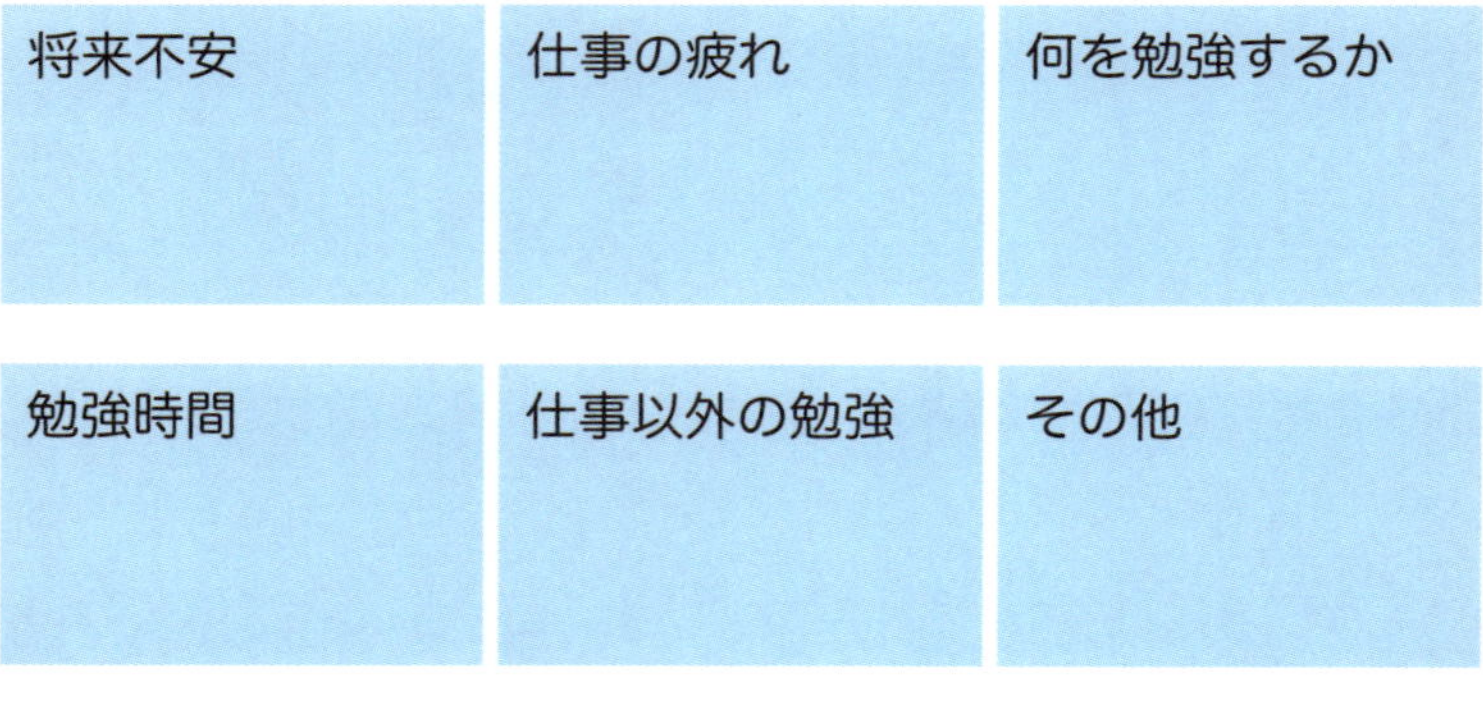

全ピースを振り分けたら全体を俯瞰《ふかん》しましょう。その際、ピースの枚数に偏りがあっても気にする必要はありません。事例を見てみましょう（次ページ）。

【全体と向き合うコツ② 気づいていなかった新しい分類で分けてみる】

実際にピースを分類してみると、意外にも「仕事以外の勉強」にはピースが置かれませんでした。自分の中ではそれなりに気にしていたことを分類キーワードとして挙げたのに、実際にピースを仕分けしてみると、**その分類キーワードには1枚も置かれない**、ということはよくあります。

次に、「その他」を見てみましょう。

該当する分類キーワードがないピースが「その他」に集まります。「その他」に多くのピースが集まる場合、それらの中から新たな分類が生まれるケースがあります。

今回の事例では、「その他」から、新たに**「お金のこと」「勉強以外のこと」**という分類キーワードが2つ生まれました。また、「何を勉強するか」から**「勉強方法」**という分類も生まれました。

何を勉強するか（6）

スキルアップとは別にお金の勉強も必要だと思う

資格勉強より語学勉強のほうが先かもしれない

自分にはオンライン講座のほうが向いているのか

自分には専門学校のようなところへ行くほうが向いているのか

なんのスキルを磨くのがいいのか迷っている

資格勉強よりIT系の勉強のほうが先かもしれない

副業は自分の時間がなくなりそうだ

その他（15）

自分の自由な時間はそれなりに確保していきたい

お金の勉強はちゃんとした情報源を選ばないと損しそうだ

社内で仕事ができる先輩の時間の使い方を見習いたい

お金の勉強はちゃんとした情報源を選ばないとダマされそうだ

やりたいことが多い

目の前の仕事も大事だ

ちゃんとした情報源をどうやって判断すればいいのかわからない

実は料理を習いに行きたい

勉強することは嫌いじゃない

そもそもスキルアップするためのお金の確保が難しい

自分の時間には趣味のスキルアップもしたい

友達にはお金のことを聞きにくい

楽しく働くってなんだ？

自分の時間がなくなる副業をする気はない

将来不安（5）

一生使えるような資格が欲しい
10年後も楽しく働いていたい
今の仕事のままでいいのか不安だ
今の会社に今後もいる場合と転職を前提とした場合では必要なスキルも違う
もっとスキルアップをしなきゃいけないと思う

勉強時間（4）

そもそもスキルアップするための勉強時間の確保が難しい
勉強時間の確保は難しそうだ
朝活に挑戦するとか？
1日1時間の勉強時間を確保するためには何をすればいいのだろう

仕事の疲れ（11）

最近疲れ気味だ	疲れを癒やすために横になっているとき、ものすごく怠惰な気がする
家で何もできないと時間をムダにしたように感じてしまう	疲れを癒やすために横になっているとき、自己嫌悪に陥る
家に帰るとスイッチが切れた感じになってしまう	体力をつけることが先かもしれない
仕事ができる先輩は疲れることはないのだろうか	帰宅後は何もできない
家に帰ってもすぐに横になってしまう	帰宅後は何もする気になれない
体力がないとやりたいこともできない	

仕事以外の勉強（0）

こうしてそれぞれに該当するピースを移動していきます。並んでいるそれぞれのピースは同じなのに、分類キーワードが変わるだけで全体の印象が変化したことがわかります。

「仕事以外の勉強」と思っていたのは、実は「勉強方法」や「お金のこと」というキーワードで表され、そこにはそれなりに強い意志が感じられるものでした。

さあ、すべてのピースの分類が終わったら、2時間目は終了です。

いよいよコンセプトピラミッドの醍醐味である3時間目に入ります。

2時間目で、これから向き合っていくピースの全体像も確認できました。ここまでで実は、各ピースの内容にすでに3回は目を通しています。

ジグソーパズルはつながってこそ意味を持つように、コンセプトピラミッドでは丁寧にグルーピングしてこそ新たな意味が生まれていきます。

いよいよ次はその段階です。

勉強方法（2）

自分にはオンライン講座のほうが向いているのか

自分には専門学校のようなところへ行くほうが向いているのか

その他（6）

勉強することは嫌いじゃない

楽しく働くってなんだ？

社内で仕事ができる先輩の時間の使い方を見習いたい

副業は自分の時間がなくなりそうだ

目の前の仕事も大事だ

自分の時間がなくなる副業をする気はない

勉強以外のこと（5）

やりたいことが多い

ちゃんとした情報源をどうやって判断すればいいのかわからない

自分の自由な時間はそれなりに確保していきたい

実は料理を習いに行きたい

自分の時間には趣味のスキルアップもしたい

お金のこと（4）

お金の勉強はちゃんとした情報源を選ばないとダマされそうだ

お金の勉強はちゃんとした情報源を選ばないと損しそうだ

友達にはお金のことを聞きにくい

そもそもスキルアップするためのお金の確保が難しい

次はいよいよ
問題発見できるよ！

3 時間目

本物の問題を発見する授業

～成果が得られる問題が見つかる～

さあ、真の問題を発見しよう！

3時間目は、コンセプトピラミッドの一番の醍醐味《だいごみ》を味わえるパートです。ピースをグルーピングしていきながら、各グループにラベルを付けていくことで、真の問題を発見していきます。

料理でたとえると、素材の下ごしらえが終わって、**いよいよ加熱し、味付けの調理段階に入るイメージです。**

1時間目、2時間目とは異なり、作業と言うより、じっくりと考える時間が多くなります。はっきり言って、脳に汗をかくはずです！

「さあ、やるぞ！」と気持ちをこめて、1時間ほどのまとまった時間を確保してから臨んでください。本気で取り組むからこそ、問題発見という宝物を手に入れることができるのです。

ふわっとした「わかったつもり」「わかったふり」は御法度です。

あなた自身の真の問題を発見するときです。他の人を気にすることなく、自分と向き合ってください。

グループピングの作業をひとことで言うと「似たもの同士を集める」ということなのですが、ここでもコンセプトピラミッドならではの、思考を助けるいくつかの具体的なヒントがあります。一つずつわかりやすく説明していきます。

「具体6、中間3、抽象1」にザックリ分ける

まず、2時間目で「○○について」というキーワードで分類したピースをすべてバラします。

「えっ、バラしちゃうの？」と驚かれるかもしれません。しかし、キーワードごとに分類したのは、あくまでも全ピースを俯瞰し、ピースの全体像を頭に刻むためです。すべてのピースを把握することが一番の目的でした。

キーワード分類により、「勉強方法」や「お金のこと」について自分が思っていた以上に意識していたことがわかった、というような気づきもありました。

全体像を理解したところで、心に余裕を持って3時間目のグルーピングに入ります。

まずは、机の上などに、**具体エリア、中間エリア、抽象エリアを設けます。**

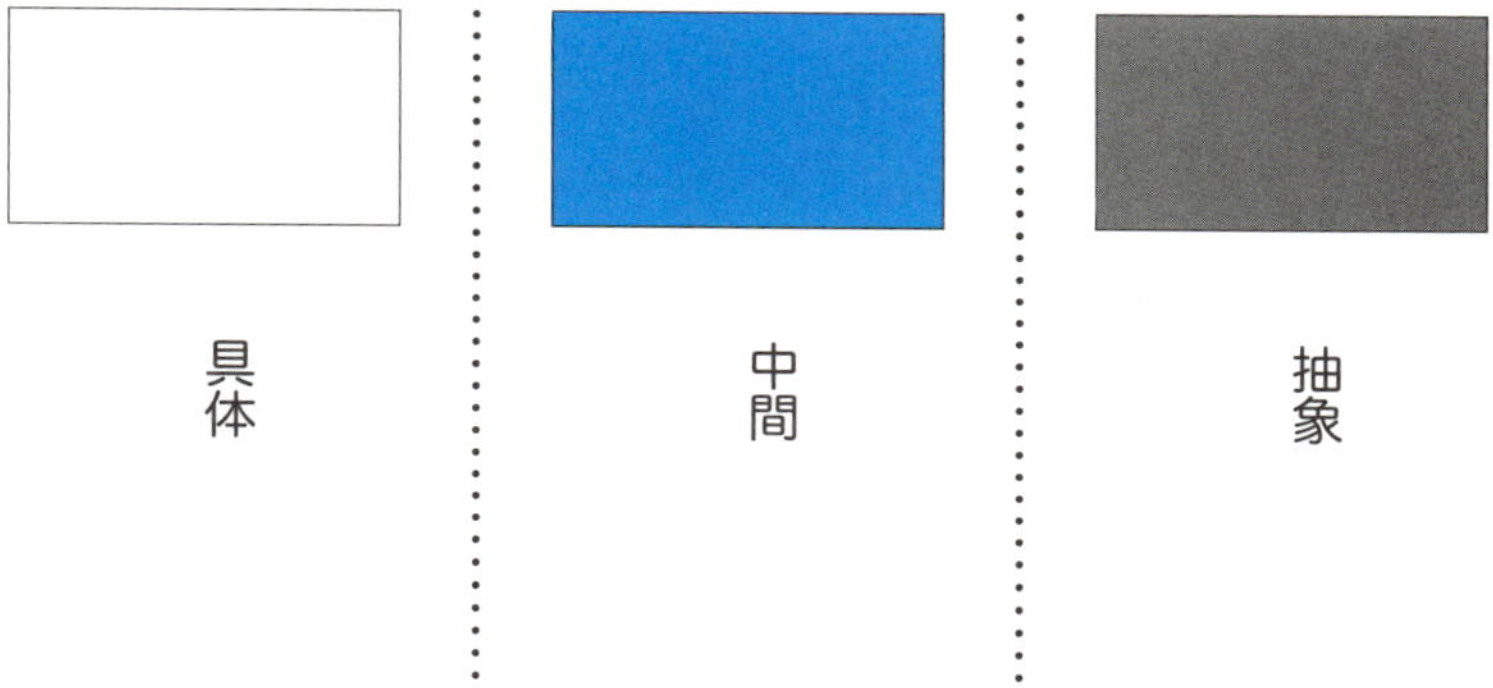

そして、全ピースを手にし、再びトランプの札を配るように、ピースに書かれている内容の抽象度や具体度によって「具体」「中間」「抽象」のいずれかのエリアに置いていきます。

ここで、「具体的か抽象的かって、どうやって見極めればいいの？」と感じる方もいらっしゃるでしょう。

数字とは異なり、言葉の世界はどこまでいってもあいまいです。そのため、**絶対評価ではなく、相対評価的な判断**で分けていきます。

他のピースと比べながら、「具体的か？　抽象的か？」と判断していくということです。

また、その時々のテーマやピースの表現によっても具体的か抽象的か、その基準は変わっていきます。

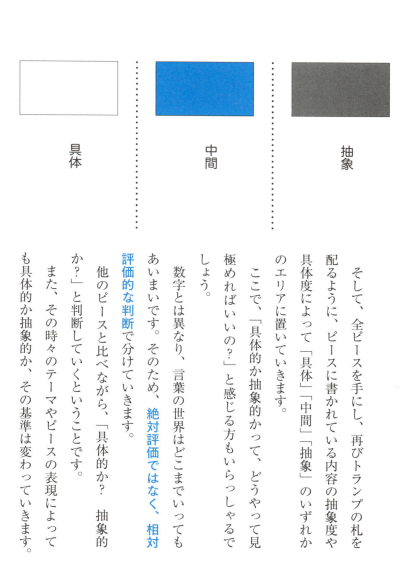

ピースの判断の目安をあえて示すと、次のようになります。

「具体」とは、固有名詞や数字が入っていたり、書かれている内容がはっきりイメージできたり、読み手によって認識のズレが生じにくいピース。

「抽象」とは、漠然《ばくぜん》としていて、具体性に欠け、読み手によってさまざまな解釈がなされる可能性があるピース。

それらのどちらか判断に迷うピースは、「中間」と考えます。

それぞれに置かれるピースの割合の目安は、

具体：中間：抽象＝6：3：1

です。

これは先人たちの知恵と、数々のテストケースから導き出された比率です。実際、情報を構造化し、整理していくと、各階層の情報数がこれに近い割合になります。

今回のケースで言うと、チェック&修正を経てピースの数が最終的に41枚になりましたので、

【具体】25枚程度、【中間】12枚程度、【抽象】4枚程度

が目安になります。

とはいえ、最初からぴったりと6：3：1になることはなかなかありません。

まずは**直感的・感覚的に、「これは具体」「こっちは抽象」「これは中間かな」といった感じで、ざっくりと置いてみます。**

たとえば、41枚のピースなら最初は、具体は17枚、中間が21枚、抽象が3枚のような具合に分けられたりもします。

そのような場合は、左右に置かれたピースの表現を1枚ずつ比較しながら、ピースの入れ替えや移動を行ない、なるべく6：3：1に近づけるように調整していきます。

他のピースと比べて、
「具体的か抽象的か」
考えてみよう
これは、
具体かな、抽象かな

3つのレベルに分ける方法とメリット

なぜ、ピースの数を6：3：1で分けていく必要があるのか。

もちろん理由があります。

グルーピングの際に、「具体度・抽象度」の表現レベルがあまりに違うものが同じ土俵に並んでいると、コンセプトピラミッドはうまく機能しません。

抽象度の高いピースに、他のピースが飲み込まれてしまうからです。

そうなると、せっかくつくった1つひとつのピースに潜む意図を十分活かすことができなくなります。ピースの微妙な差異を見つけにくくなり、問題発見に活かせなくなってしまうのです。

言い換えると、**安易なグルーピングほど、本来こだわるべき要素を見落としてしまう原因になるということです。**

ちょっと具体的な例で見ていきましょう。

テーマは、**「自分向けの英語学習とは」**です。

たとえば、次のようなピースが書かれたとします。ここではわかりやすくするため、あえてピースの数は絞り込んで示します。


「年内にはTOEICで750点越えをしたい」

「英語のリスニング力を上げたい」

「海外からの電話を突然振られても慌てずに対応したい」

「英語の発音を強化したい」

「3年後には海外赴任していたい」

「英語力を上げたい」


これらのグルーピングを、あなたならどうしますか？

抽象度を考えずグルーピングすると、「英語力を上げたい」というピースで、すべてのピースが1つのグループとして括《くく》られてしまいます。

間違いではありませんが、テーマが「自分向けの英語学習とは」というものなので、「英語力を上げたい」というラベルによって全ピースを1つにまとめてしまうと、その後の行動につながりにくくなります。

では、どのようにグルーピングをすればいいのでしょうか。

実は、ここで具体や抽象のレベル分けが役に立ちます。

大きな概念に飲み込まれないために、あらかじめピースを抽象度によって分けておくという工程を設けるのです。

たとえば、先ほどの英語に関するピースを具体・中間・抽象の順に並べ直すと次のようになります。

【具体的なピース】

年内にはTOEICで750点越えをしたい
海外からの電話を突然振られても慌てずに対応したい
3年後には海外赴任していたい

【中間のピース】

英語のリスニング力を上げたい

英語の発音を強化したい

【抽象的なピース】

英語力を上げたい

このように、ピースをレベルごとに分け、**まずは具体レベルのピースの中でのみグルーピングを行ないます。**

次に、具体的レベルでグループ化したものと、**中間レベルのものでグルーピングを行ないます。**

最後に、中間レベルのグループ化したものと、**抽象レベルのものでグルーピングを行ないます。**

これによって、「英語力を上げたい」というあまりに大きく包含的《ほうがんてき》なグループ化を避け、本質を残したグルーピングができます。

「目指している英語の具体的目標」や「英語で活躍している具体的状態」といったグループの要素を残すことで、そのために必要な課題に向けた考えを整えられるのです。

これがグルーピングの前に3つのレベルに分ける理由です。3時間目で行なう、グルーピングの開始前の環境整備が、この抽象度のレベル分けです。

まずは直感的に分けてみる。その上で相互の内容を確認しながら、6：3：1の割合を頼りに調整していく。

この手順を行なうことで、そのテーマに基づく自分なりの基準の感覚もつかめていきます。

全部のピースを一度にグルーピング
しようとすると……

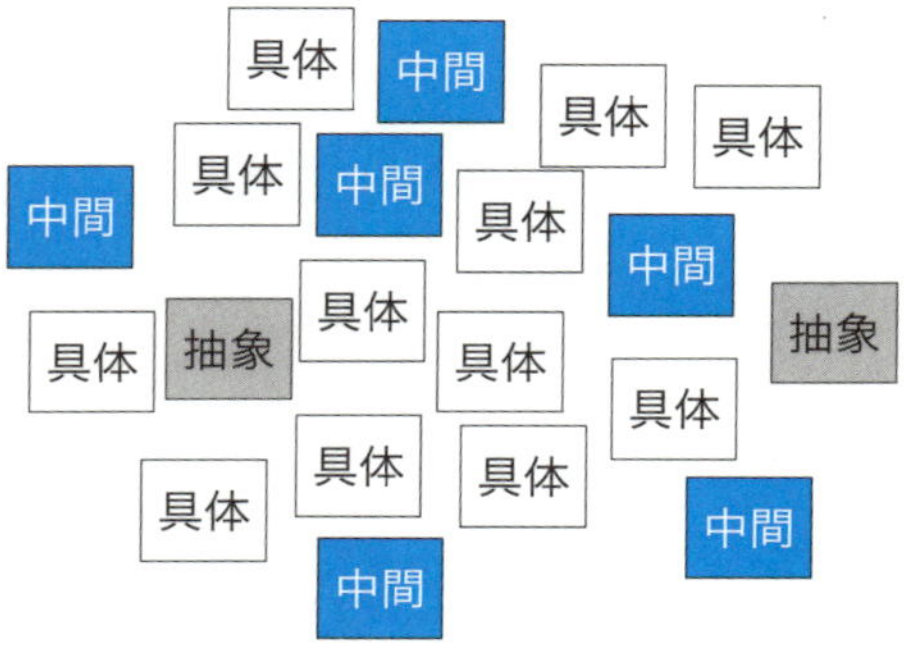

大きな概念で括られて、非常にザックリしたグループになり、
個々のピースの差異が見えなくなってしまう

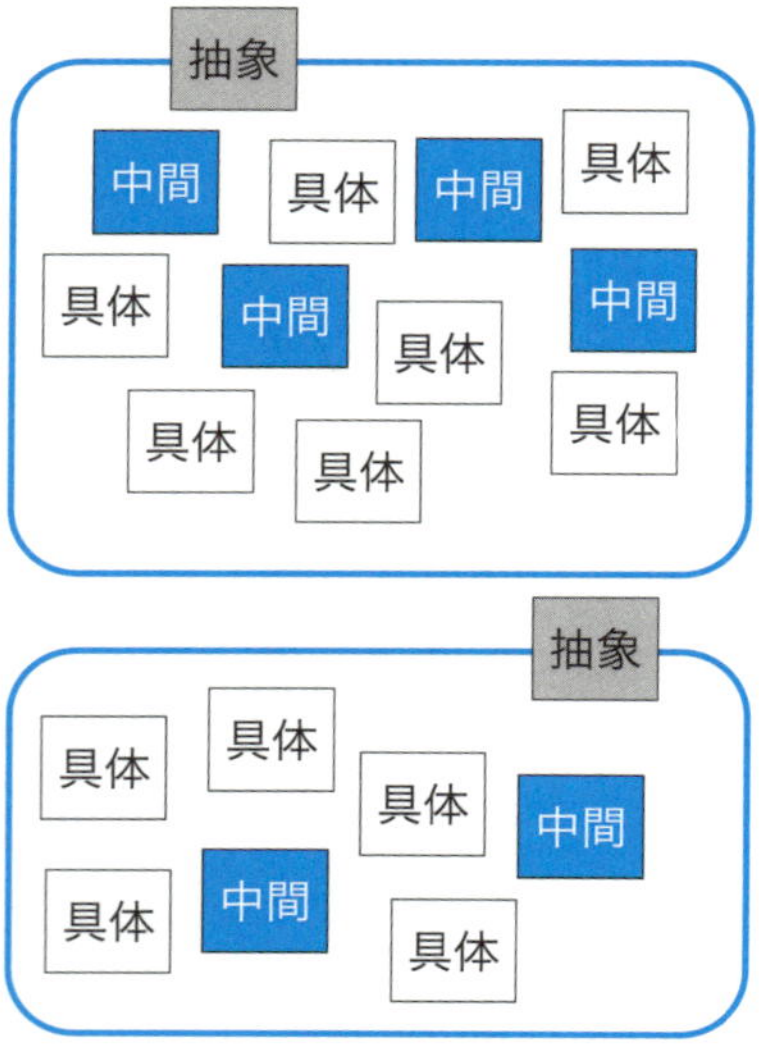

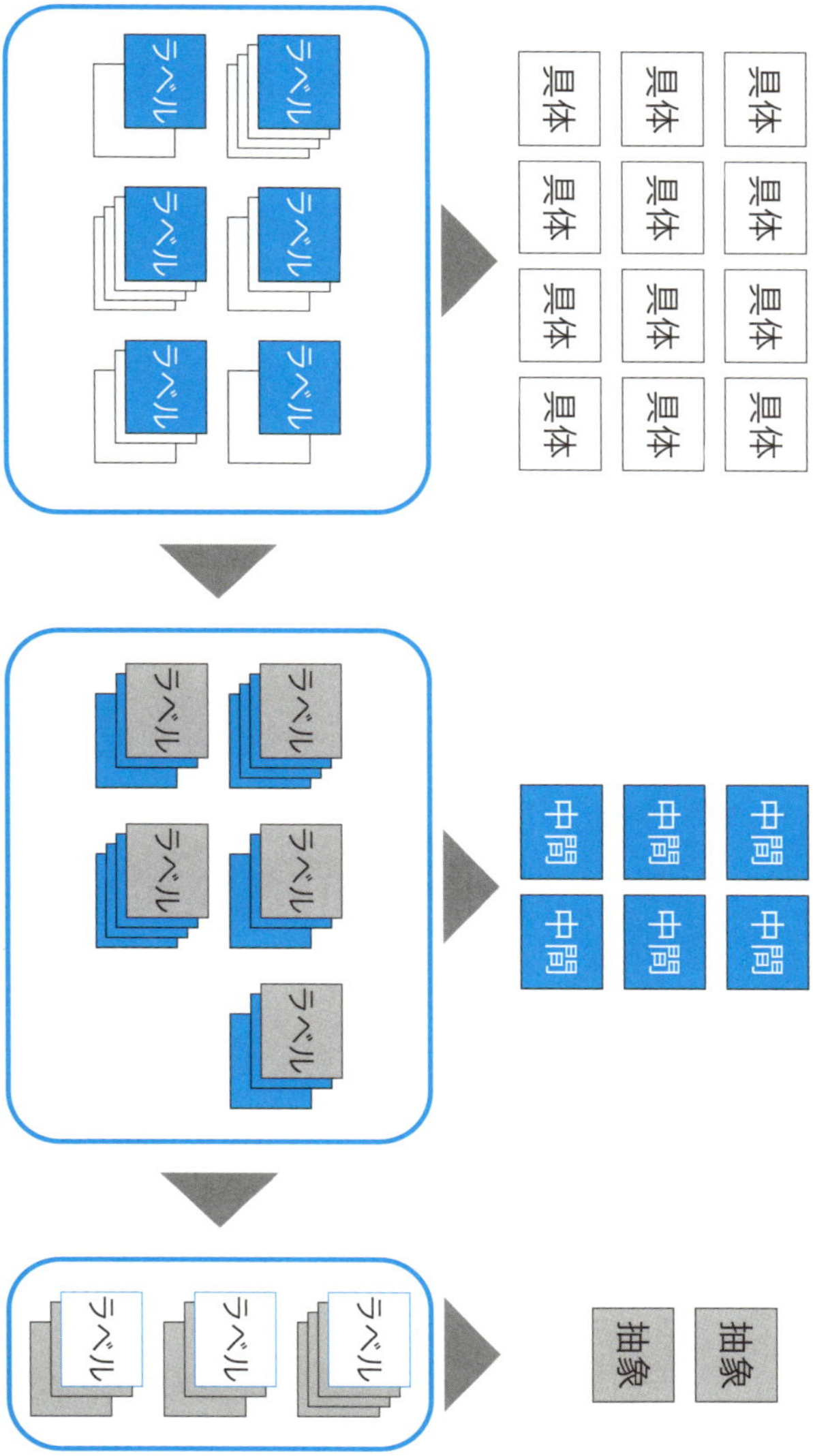

はじめに概念の大きさにより仕分けしておき、それぞれのレベルごとにグルーピングをくり返していくことで、微妙な差異を活かしていける

ピースを最大限に活かすには？

では、ここからは**「なんとなく将来が不安」**という事例で、具体的にグルーピングに取り組んでいきましょう。次のようにピースを分けました。

【抽象】

やりたいことが多い
10年後も楽しく働いていたい
楽しく働くってなんだ？
勉強することは嫌いじゃない

【中間】

目の前の仕事も大事だ	今の仕事のままでいいのか不安だ	もっとスキルアップをしなきゃいけないと思う
なんのスキルを磨くのがいいのか迷っている	友達にはお金のことを聞きにくい	体力をつけることが先かもしれない
体力がないとやりたいこともできない	帰宅後は何もできない	実は料理を習いに行きたい
最近疲れ気味だ	朝活に挑戦するとか？	勉強時間の確保は難しそうだ

【具体】

一生使えるような資格が欲しい	社内で仕事ができる先輩の時間の使い方を見習いたい	自分の自由な時間はそれなりに確保していきたい
今の会社に今後もいる場合と転職を前提とした場合では必要なスキルも違う	自分の時間には趣味のスキルアップもしたい	ちゃんとした情報源をどうやって判断すればいいのかわからない
帰宅後は何もする気になれない	お金の勉強はちゃんと情報源を選ばないと損しそうだ	1日1時間の勉強時間を確保するためには何をすればいいのだろう
スキルアップとは別にお金の勉強も必要だと思う	副業は自分の時間がなくなりそうだ	疲れを癒やすために横になっているとき、ものすごく怠惰な気がする

家で何もできないと時間をムダにしたように感じてしまう	家に帰るとスイッチが切れた感じになってしまう	仕事ができる先輩は疲れることはないのだろうか
疲れを癒やすために横になっているとき、自己嫌悪に陥る	お金の勉強はちゃんとした情報源を選ばないとダマされそうだ	そもそもスキルアップするための勉強時間の確保が難しい
自分にはオンライン講座のほうが向いているのか	資格勉強より語学勉強のほうが先かもしれない	資格勉強よりＩＴ系の勉強のほうが先かもしれない
家に帰ってもすぐに横になってしまう 自分の時間がなくなる副業をする気はない	そもそもスキルアップするためのお金の確保が難しい	自分には専門学校のようなところへ行くほうが向いているのか

グルーピング第1ラウンド（具体エリア）

では、最初のグルーピング、「具体エリア」に含まれるピースに注目します。

まずは具体エリアにあるピースの中から、どれでもいいので1枚のピースを取ります。

これを「トリガーピース」と呼びます。細いフセンをつけ、トリガーピースとわかるようにしておくのをおすすめします。

そして、トリガーピースと「意味」が似ていると思われるピースを具体エリアから集めてきます。

似ているピースを集めているうちに、だんだんと枚数も増え、トリガーピースではなく集めたピースに意味が近いピースも集まってくるかもしれません。

たとえば、「Aに似たB」「Bに似たC」「Cに似たD」というピース集団ができてしまいます。こうなると概念が大きくなりすぎて、わけがわからなくなる場合があり

帰宅後は何もする気に
なれない

ます。

そのようなときは最初に目印をつけておいた「トリガーピース」に今一度注目して、あくまでもこのトリガーピースに意味が近いか否かを判断していきます。

また、同じ単語が含まれているから、という理由で「似たもの」を集めてしまうケースもしばしばあります。

先ほど「意味」が似ているピースを集める、と書きました。まさに、書かれている単語などの「言葉」に注目するのではなく、書かれている**「内容」や「意味」で似ていると思えるものを集めることを心がけていきます。**

たとえば、「家事の不満を解消する」と

いうテーマのとき、「洗濯物を干すのがめんどくさい」と「晩ごはんの献立を考えるのがめんどくさい」を考えると、「めんどくさい」という言葉は同じです。そのため、「めんどくさい」で同じグループにしたくなりますが、**「行動のめんどくささ」と「思考のめんどくささ」という点で意味は全く異なります。**

これらを同じグループとして一緒にしてしまっては、こうしためんどくささの違いが見えにくくなり、本来のテーマである「家事の不満を解消する」ための手がかりを見失いかねません。表層的な言葉でピースを集めるのではなく、内容や意味が似ているものを集める、という理由はこのように意味の差異を大切にしていくためです。

3枚を上限にグルーピングする

さて、こうして具体的エリアに意味が似ているピースはもうないな、と思える状態になったら、集まったピースを対象にグルーピングを行ないます。

グルーピングのルールは「3枚を上限にする」というものです。

3枚を上限とする理由も先ほどと同様、大ざっぱなグルーピングを避け、意味の差異に気づき、それにより「要するになんなのか」を丁寧に紐解《ひもと》いていくためです。

実際のピースを見ながら説明していきます。

トリガーピースを**「帰宅後は何もする気になれない」**にして、これに似ていると思われるピースを集めると、次のようなピースが集まりました。

「家で何もできないと時間をムダにしたように感じてしまう」

「家に帰ってもすぐに横になってしまう」

「家に帰るとスイッチが切れた感じになってしまう」

「疲れを癒やすために横になっているとき、自己嫌悪に陥る」

「疲れを癒やすために横になっているとき、ものすごく怠惰な気がする」

グルーピング上限が3枚ですので、まずは先ほどの家事の例にならって、1枚ずつピースの意味を注視していきましょう。

「家で何もできないと時間をムダにしたように感じてしまう」→**気持ちを表している**

「家に帰ってもすぐに横になってしまう」→**行動を表している**

家で何もできないと時間をムダにしたように感じてしまう	家に帰るとスイッチが切れた感じになってしまう	帰宅後は何もする気になれない
家に帰ってもすぐに横になってしまう	疲れを癒やすために横になっているとき、ものすごく怠惰な気がする	疲れを癒やすために横になっているとき、自己嫌悪に陥る

「家に帰るとスイッチが切れた感じになってしまう」↓「スイッチが切れた感じ」≒「動けない状態」↓**行動を表している**

「疲れを癒やすために横になっているとき、自己嫌悪に陥る」↓**気持ちを表している**

「疲れを癒やすために横になっているとき、ものすごく怠惰な気がする」↓**気持ちを表している**

こうしてそれぞれを見ていくと、同じような似ているピースを集めたつもりでしたが、そこには**「気持ち」と「行動」の両側面から似ているピースが集まっていた**ことがわかります。

ここでトリガーピースである「帰宅後は何もする気になれない」の意味を今一度見

てみましょう。

「何もする気になれない」は、先ほどの「スイッチが切れた感じ」≒「動けない状態」を連想しませんか。そこで、**ここでは「行動を表している」とします。**

くり返しになりますが、言葉の世界はどこまでいってもあいまいです。唯一絶対の「正解」を求めようとすると迷子になります。

実際に取り組む際は、あなた自身がピースの書き手です。自分で書いた意図を思い出し、ああでもない、こうでもないと反すう確認をしながら決めていきます。

そして、この反すうの工程こそが「気づき」を促し、真の問題に近づくプロセスになるのです。

グルーピングの方法に話を戻しましょう。トリガーピースに集まった5枚のピースですが、3枚を上限としてグルーピングをすると、「行動」で括《くく》れるグループと「気持ち」で括れるグループに分けることができました。

「要するに」でくくって抽象度を上げる

次にそれぞれのグループにラベルを付けていきます。「行動」で似ているとされた2枚のピースにトリガーピースが加わり、3枚のグループになりました。

帰宅後は何もする気になれない（トリガーピース）

家に帰ってもすぐに横になってしまう

家に帰るとスイッチが切れた感じになってしまう

この3枚を1枚のピースで表現するとどうなるか、という視点でラベルを付けます。ラベルの書き方はピースの書き方と同じルールです。

文章化のコツは、3枚のピースを読んだあとに、「要するに」とつなげてみてください。

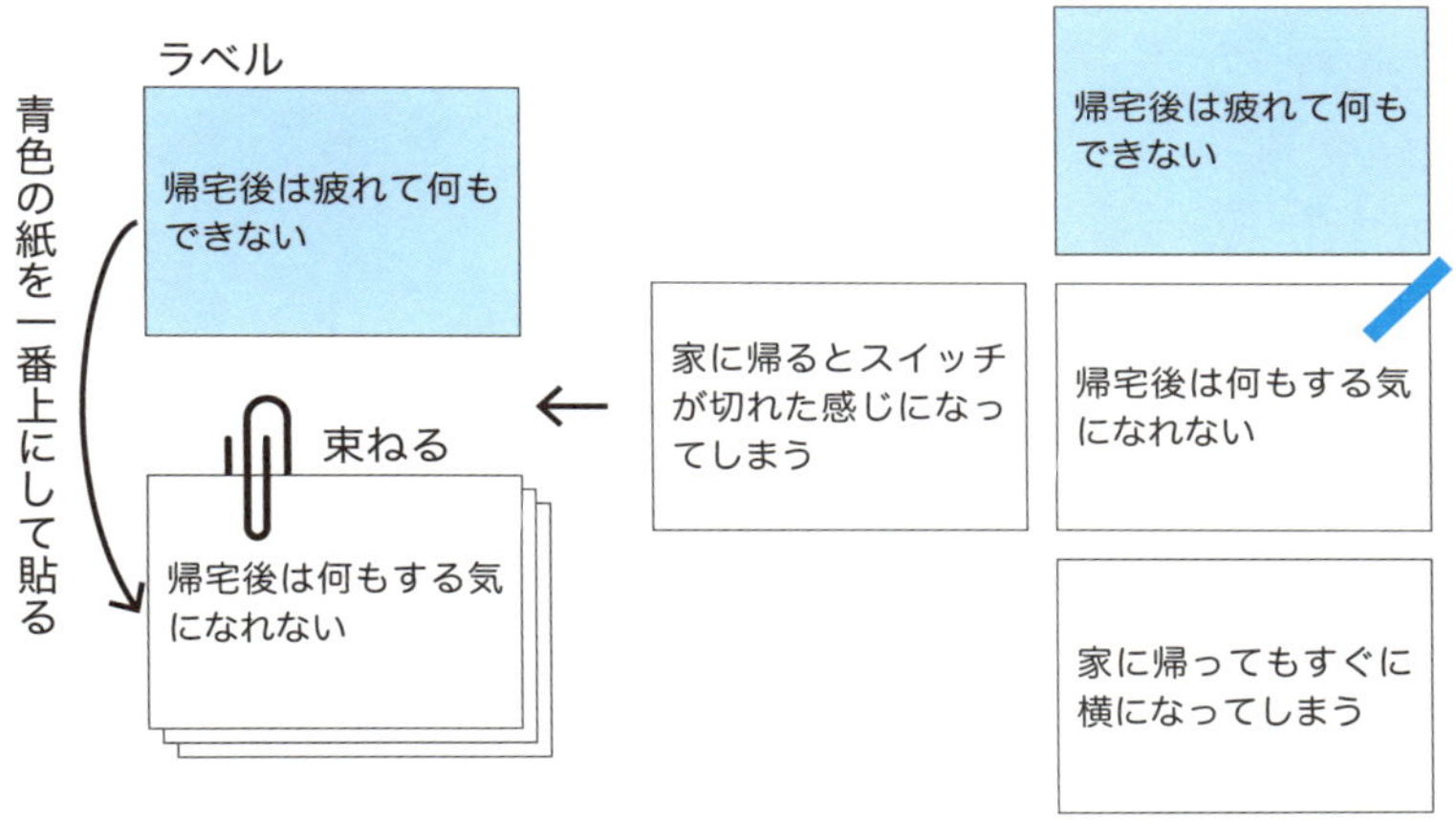

ここでも唯一絶対の正解はありません。間違えることを恐れる必要はないのです。3枚を読んだあとに「要するに何なのか」、を素直に考えてみましょう。

ここでは（要するに）**「帰宅後は疲れて何もできない」**というラベルを青い紙に書きました。「何もする気になれない」ではなく、「何もできない」という行動（状態）を表したのです。

グルーピングした3枚をクリップでとめ、その上にこの文章を書いた青色の紙を貼ります。（フセン等でも可）

同様に、

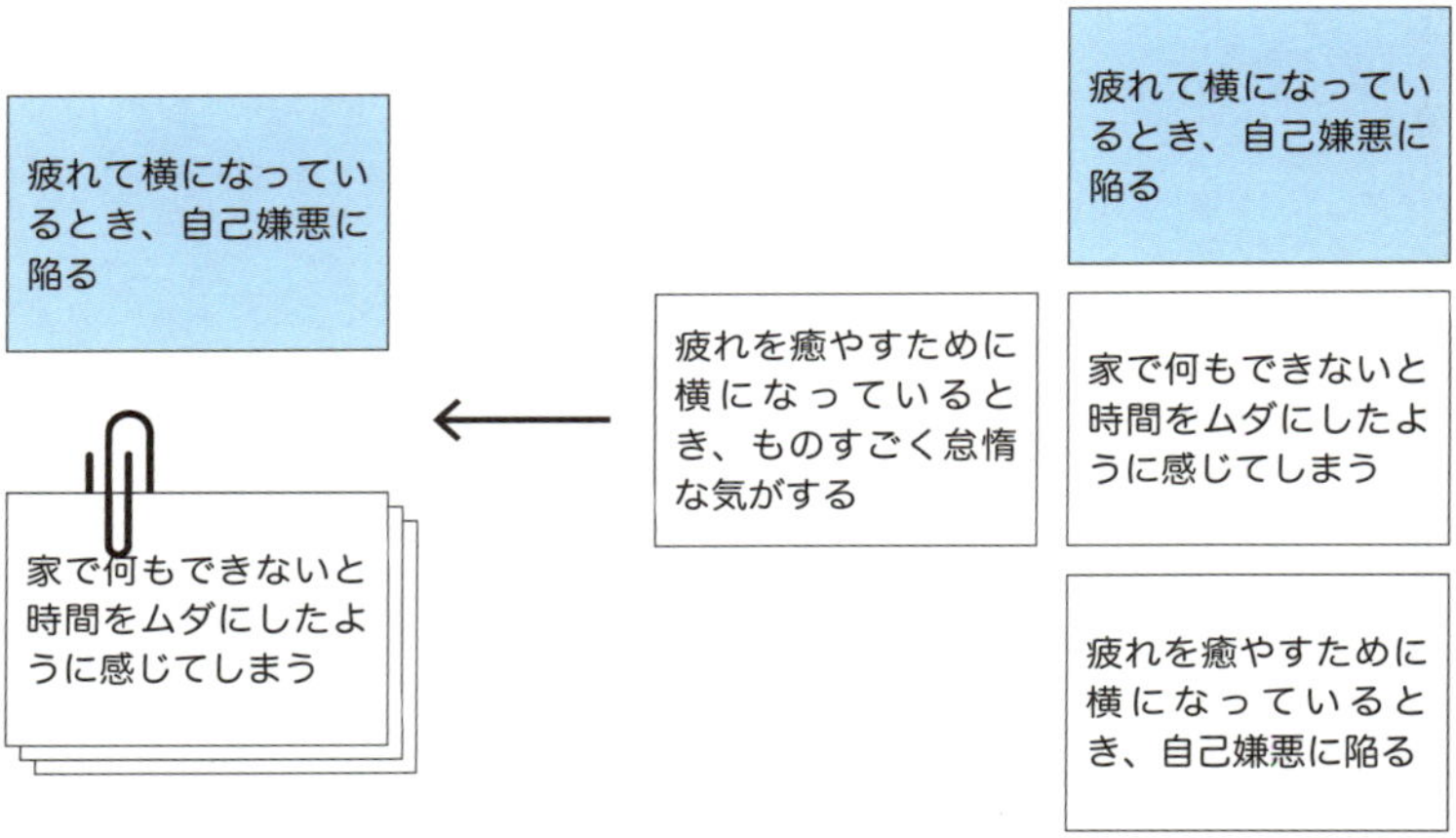

家で何もできないと時間をムダにしたように感じてしまう

疲れを癒やすために横になっているとき、自己嫌悪に陥る

疲れを癒やすために横になっているとき、ものすごく怠惰な気がする

の3枚に対しては、（要するに）**「疲れて横になっているとき、自己嫌悪に陥る」**としました。

「時間をムダにしたような感じ」「自己嫌悪」「ものすごく怠惰な気がする」……、「ああ、自分はつくづく自己嫌悪に陥っているなぁ」とつきつけられるような気持ちをラベルにしたわけです。

ここで注意していただきたいことがあります。この段階ではあくまでもグルーピングした複数枚のピースを1枚で表現すると「要するにどう表されるのか」、そのことだけを考えてください。**この段階で原因や解決策を考えていくのは時期尚早、早まらないでください。**

それらに取りかかるのは、もう少し先、問題発見の手応えを得てからになります。

再び任意で選んだトリガーピースをきっかけにグルーピングをはじめ、「具体的エリア」にあるすべてのピースについて最大3枚のグループをつくり、それぞれに「要するに」で括ったラベルを付けていきます。

今回、当初、具体的エリアにあった25枚については、先に紹介した2つの例の他は次のようになりました。

トリガーピース**「スキルアップとは別にお金の勉強も必要だと思う」**には当初、**「そもそもスキルアップするためのお金の確保が難しい」**

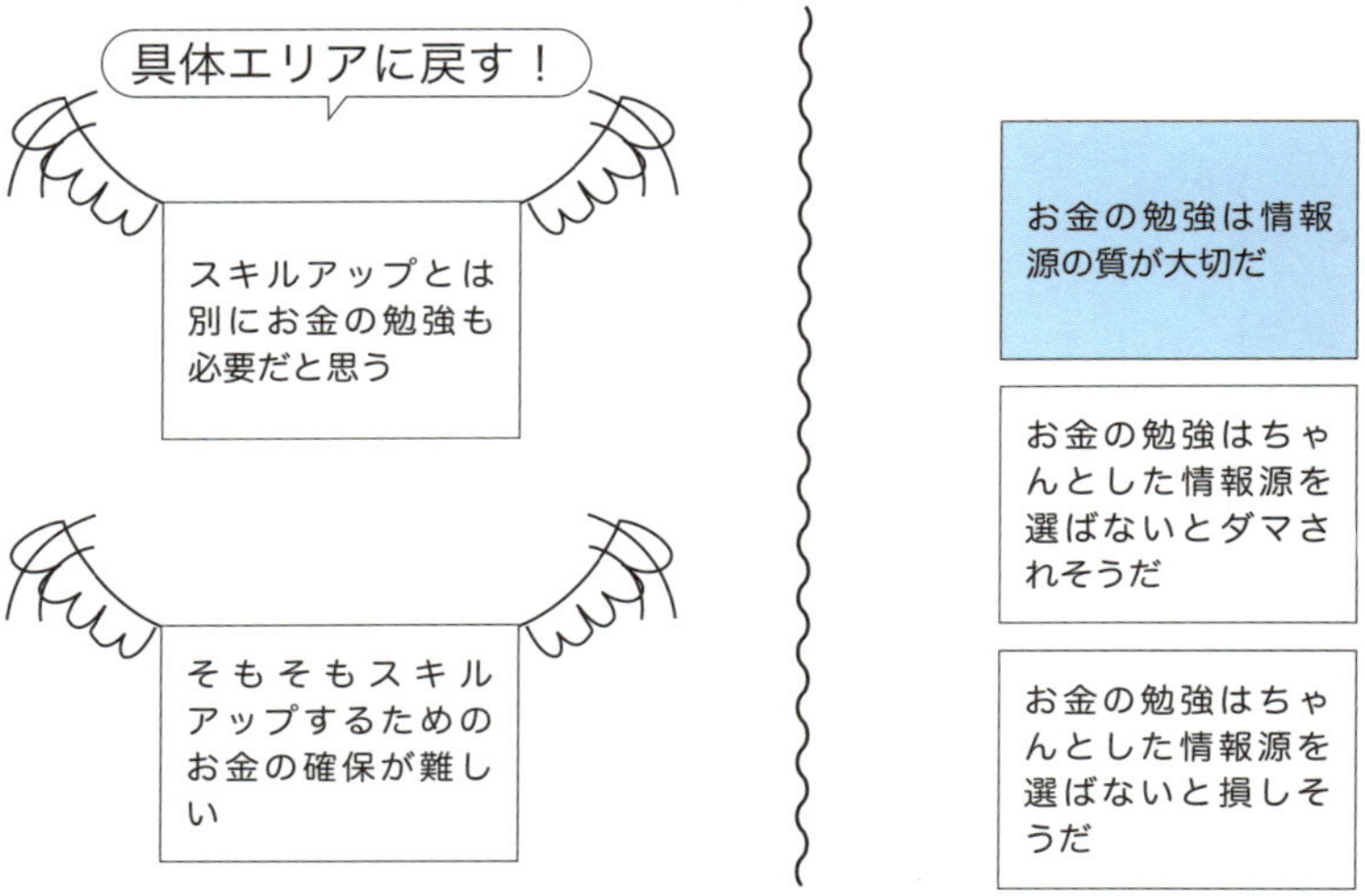

お金の勉強はちゃんとした情報源を選ばないとダマされそうだ

お金の勉強はちゃんとした情報源を選ばないと損しそうだ

の3枚が集まりました。

内容を吟味すると、2枚目と3枚目は要するに「**お金の勉強は情報源の質が大切だ**」というラベルで括れます。残りの2枚について、トリガーピースでは「お金の勉強の必要性」を、もう1枚は「スキルアップ資金」のことを言っていますので、内容が異なります。このような場合は無理に1つのグループにすることなく、一度各ピースを具体的エリアに戻します。

自分の自由な時間はそれなりに確保していきたい（トリガーピース）

には、

自分の時間には趣味のスキルアップもしたい

副業は自分の時間がなくなりそうだ

の2枚が集まりました。さまざまな視点から「自分の時間」に言及していますが、要するに**「大切な自分の自由時間は確保したい」**という意図で括れますので、これを青い紙に書いてまとめます。

そもそもスキルアップするための勉強時間の確保が難しい（トリガーピース）

には、

1日1時間の勉強時間を確保するためには何をすればいいのだろう

社内で仕事ができる先輩の時間の使い方を見習いたい

の2枚が集まりました。いずれも「時間の使い方」、とりわけ「勉強時間」に意識が向いているのがわかります。

したがって、このグループは、要するに**「勉強時間を確保する方法が知りたい」**と

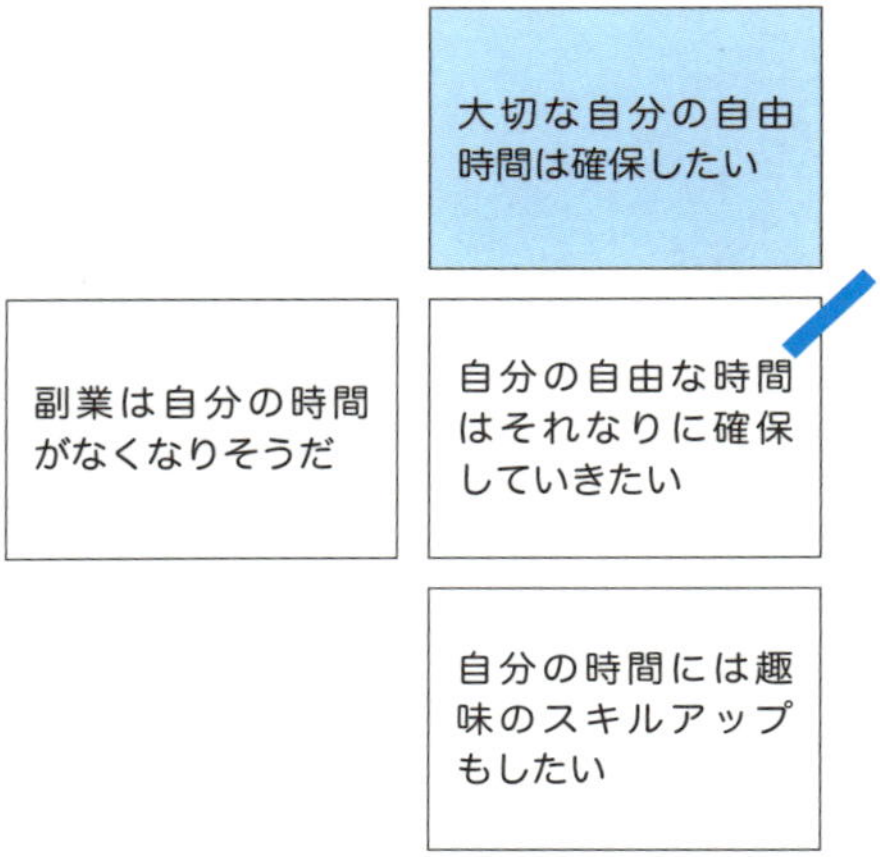
大切な自分の自由時間は確保したい
副業は自分の時間がなくなりそうだ
自分の自由な時間はそれなりに確保していきたい
自分の時間には趣味のスキルアップもしたい

解釈し、青いラベルで括りました。

資格勉強より語学勉強のほうが先かもしれない（トリガーピース）

に集まってきたのは、

資格勉強よりＩＴ系の勉強のほうが先かもしれない

スキルアップとは別にお金の勉強も必要だと思う

の２枚です。

覚えていますか？　先ほど具体エリアに戻したピースが、ここで復活し、異なるトリガーピースのもとにやってきました。

今度はどうでしょう。それぞれのピースで書かれていることはＩＴ系の勉強の話や

勉強すべきことの優先順位がわからない

勉強時間を確保する方法が知りたい

スキルアップとは別にお金の勉強も必要だと思う

資格勉強より語学勉強のほうが先かもしれない

社内で仕事ができる先輩の時間の使い方を見習いたい

そもそもスキルアップするための勉強時間の確保が難しい

資格勉強よりＩＴ系の勉強のほうが先かもしれない

１日１時間の勉強時間を確保するためには何をすればいいのだろう

語学勉強のこと、あるいはお金の勉強など、それぞれ異なります。

しかし、勉強についてああでもないこうでもないと迷子になっている様子がひしひしと伝わってきます。

そうです、要するに**「勉強すべきことの優先順位がわからない」**のだ、とラベルにして青い紙に書けそうです。

自分にはオンライン講座のほうが向いているのか（トリガーピース）

には、

自分には専門学校のようなところへ行くほうが向いているのか

が集まりました。

自分に向いている勉強方法がわからない

自分にはオンライン講座のほうが向いているのか

自分には専門学校のようなところへ行くほうが向いているのか

この2枚はもともと1枚のピースだったものを、2つの要素が含まれていたので分けたものです。

つまり、「AかBか」という1枚を「Aか」「Bか」の2枚にしたことにより、一つ上の概念から俯瞰できるようになったことにお気づきでしょうか。

要するに**「自分に向いている勉強方法がわからない」**のだ、との気づきを得て、この内容を青い紙に書いてラベルとしました。

ラベルを書くと「自分が何を言いたかったのか」が明確になる！

これまで実際のグルーピングとそのラベルの書き方を見てきましたが、「要するに」でつながっていく文言を考えていくことは、**「これらのピースは何を言っているのだろうか」**と読み解いていくことを意味します。

決して、単なるまとめ作業や言葉の切り貼り作業ではありません。

ピースから読み取った意味を書いていくため、**ピースには書かれていない単語が登場してもOK**です。

各ピースに潜む意味を探り、その意味を「要するに」でつながる文章として書いていく。これはなかなかに「考える力」「書く力」を必要とします。しかも、つきつめて考えるため、脳に汗をかきますし、それなりに疲れもします。

しかし、これまで何度も目にしてきたピースです。すでに頭の中は「気づき」を得やすくなっている状態です。ピースと素直に向き合いながら、その意味を探っていくこと、それこそが問題発見の道程でもあるのです。

グルーピングとラベル付けは、コンセプトピラミッドの中で一番の難所であり醍醐味でもあります。こうして**ピースと格闘している状態こそ、まさしく頭の中で行なわれている情報の化学反応の様子**です。

思考世界の中で新たな「意味空間」がつくられているこのときが、まさに問題発見へと歩み始めた瞬間です。言葉の意味を大切に考えながら、自分なりに腹落ちする言葉や表現を駆使しながら獲得していきましょう。

この作業で
「考える力」と
「書く力」が
アップ
ピースに書かれていない
単語が登場してもOKだよ！
これらのピースは
何を言っているんだろう……

第1ラウンドの終了

さて、こうしてグルーピングを進めていくと、最後までどのグループにも属さないピースが必ず出てきます。今回の例では、

一生使えるような資格が欲しい
今の会社に今後もいる場合と 転職を前提とした場合では必要なスキルも違う
ちゃんとした情報源をどうやって判断すればいいのかわからない
そもそもスキルアップするためのお金の確保が難しい
仕事ができる先輩は疲れることはないのだろうか
自分の時間がなくなる副業をする気はない

という6枚が最後まで残りました。これらのピースを無理にグループに括る必要はありません。**残ったピースはそのまま中間エリアに移動させます。グループができ、ラベルを付けたものも同様に中間エリアに移動させます。**

具体エリアのピースがすべてなくなったら、第一段階のグルーピングは終了です。

次は中間エリアに注目します。今、中間エリアには、もともとの中間のピースと、具体エリアからグルーピングされて移ってきたピースがあります。

グループ化できなかったピースは
無理やりまとめない！
そのまま中間エリアへ移動させる！

グルーピング第2ラウンド（中間エリア）

第2ラウンドも先ほどと同様の手順で、トリガーピースを選び、それに意味が似ているピースを集めてグルーピングしていきます。第1ラウンドでできたグルーピングの束も「1枚」のピースとして扱います。そして、**今回は「要するに」と括ったものは黄色の紙にラベルを書きます**（使える色の問題で本書では灰色にしています）。

第2ラウンド最初のトリガーピース「**一生使えるような資格が欲しい**」には、

「今の仕事のままでいいのか不安だ」
「なんのスキルを磨くのがいいのか迷っている」
「体力をつけることが先かもしれない」
「実は料理を習いに行きたい」

もともと中間エリアにあったピース

目の前の仕事も大事だ	今の仕事のままでいいのか不安だ	もっとスキルアップをしなきゃいけないと思う
なんのスキルを磨くのがいいのか迷っている	友達にはお金のことを聞きにくい	体力をつけることが先かもしれない
体力がないとやりたいこともできない	帰宅後は何もできない	実は料理を習いに行きたい
最近疲れ気味だ	朝活に挑戦するとか？	勉強時間の確保は難しそうだ

具体エリアから動かしてきたピース

勉強すべきことの優先順位がわからない	お金の勉強は情報源の質が大切だ	一生使えるような資格が欲しい 自分の時間がなくなる副業をする気はない
自分に向いている勉強方法がわからない	大切な自分の自由時間は確保したい	今の会社に今後もいる場合と転職を前提とした場合では必要なスキルも違う
帰宅後は疲れて何もできない	勉強時間を確保する方法が知りたい	ちゃんとした情報源をどうやって判断すればいいのかわからない
疲れて横になっているとき、自己嫌悪に陥る	仕事ができる先輩は疲れることはないのだろうか	そもそもスキルアップするためのお金の確保が難しい

「今の会社に今後もいる場合と
転職を前提とした場合では必要なスキルも違う」
「もっとスキルアップをしなきゃいけないと思う」

という6枚が集まりました。パッと見、もはやカオスです。
しかし、何かしら感じるところがあり集めたピースたちです。カオスに見えても各ピースには「何か」が潜んでいるはずです。
じっくりとこれらのピースを俯瞰していると「将来」へのベクトルがうかがえるものがいくつかあることに気がつきます。

一生使えるような資格が欲しい（トリガーピース）

今の仕事のままでいいのか不安だ

もっとスキルアップをしなきゃいけないと思う

まずはこの3枚を1つのグループとし、現在のことではなく、要するに**「将来に向**

けて安心できるスキルを身につけたい」のだという気づきをラベルにしました。

> **なんのスキルを磨くのがいいのか迷っている**
>
> **今の会社に今後もいる場合と転職を前提とした場合では必要なスキルも違う**

この2枚からは、要するに「今後の仕事によって必要なスキルも異なる」という、今さらながら、改めて気づいたことをラベルにしました。

こうしてグーピングしていくと確かに「そんなこと当たり前じゃないか」と思えることに直面します。実際、迷ったり、ああでもないこうでもないとモヤモヤと悩んでいるときは、目の前にあるものに気づきにくく、当たり前のことなのに思い至らない、ということもよくあります。

しかし、こうして客観的に並んでいるピースを見ることで、迷う以前の問題と迷うべき問題がクリアになり、「ああ、そうか」と思えてきます。こうしたこともグルーピングの収穫の一つと言えるでしょう。

さて、残った2枚

体力をつけることが先かもしれない

実は料理を習いに行きたい

について、もとの中間エリアに戻すかどうかを今一度ながめて考えます。

仕事のことに意識がいきがちではありましたが、実は**「仕事以外のことでもやりたいことがある」**という気づきに至りました。従って、これをこの2枚のグループのラベルとしました。

次のグルーピングに取りかかるためにトリガーピースを選びます。

友達にはお金のことを聞きにくい（トリガーピース）

には、次の2枚が集まりました。

お金の勉強は情報源の質が大切だ

ちゃんとした情報源をどうやって判断すればいいのかわからない

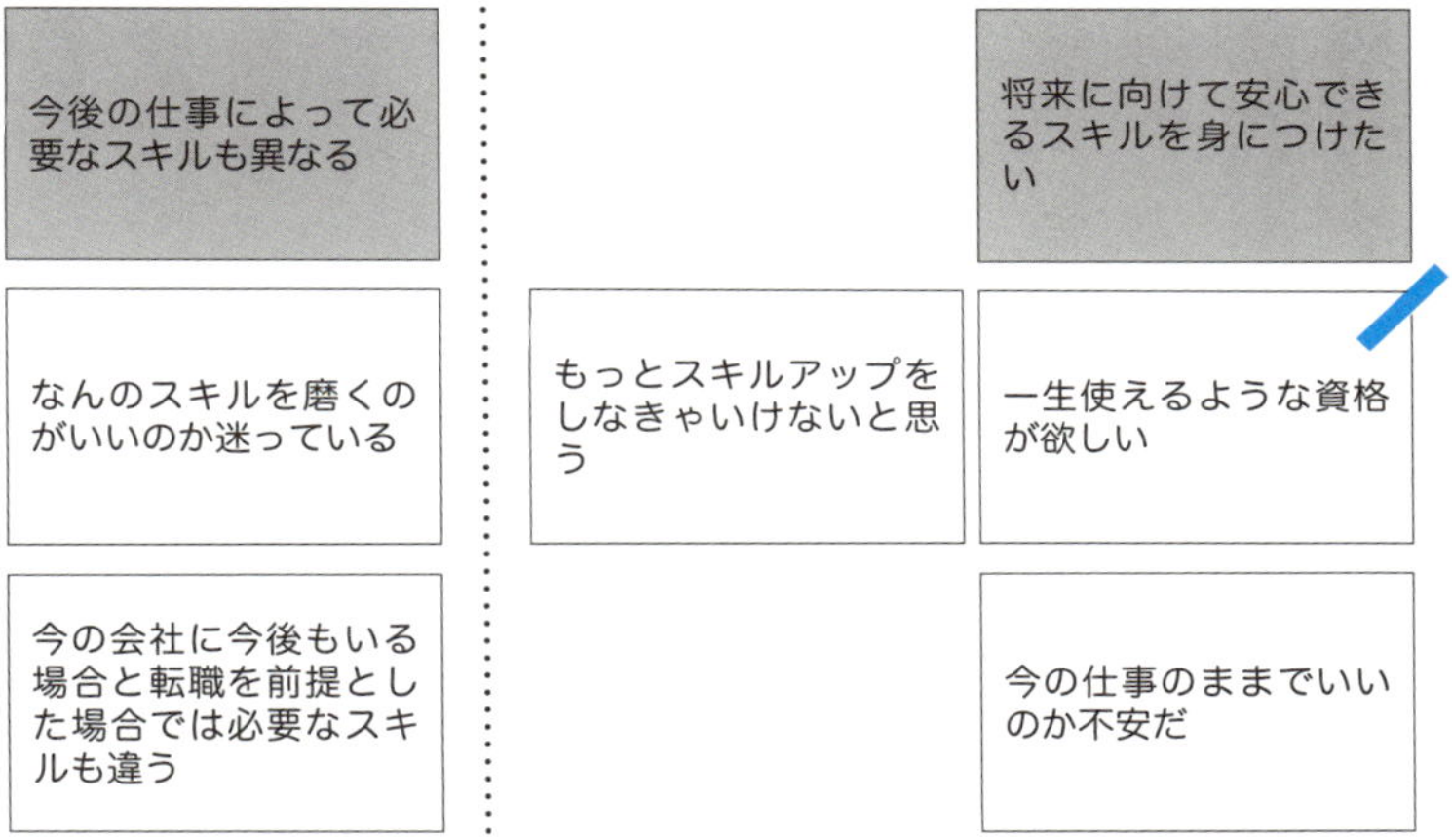
今後の仕事によって必要なスキルも異なる
将来に向けて安心できるスキルを身につけたい
なんのスキルを磨くのがいいのか迷っている
もっとスキルアップをしなきゃいけないと思う
一生使えるような資格が欲しい
今の会社に今後もいる場合と転職を前提とした場合では必要なスキルも違う
今の仕事のままでいいのか不安だ

ピースを動かしたのは、他でもない自分です。何かしらピンとくるものがあったり、「なんとなく」というふわっとした感覚があったり、いずれの場合も「何か」を感じてピースを動かしたに違いありません。

言葉になっていなくとも、確かに得ていた何かしらの手がかりをじっくりとたぐり寄せていきます。

ここではそれを、要するに**「信頼できる情報源が必要だ」**というラベルで表現しました。

次のトリガーピース**「帰宅後は何もできない」**。

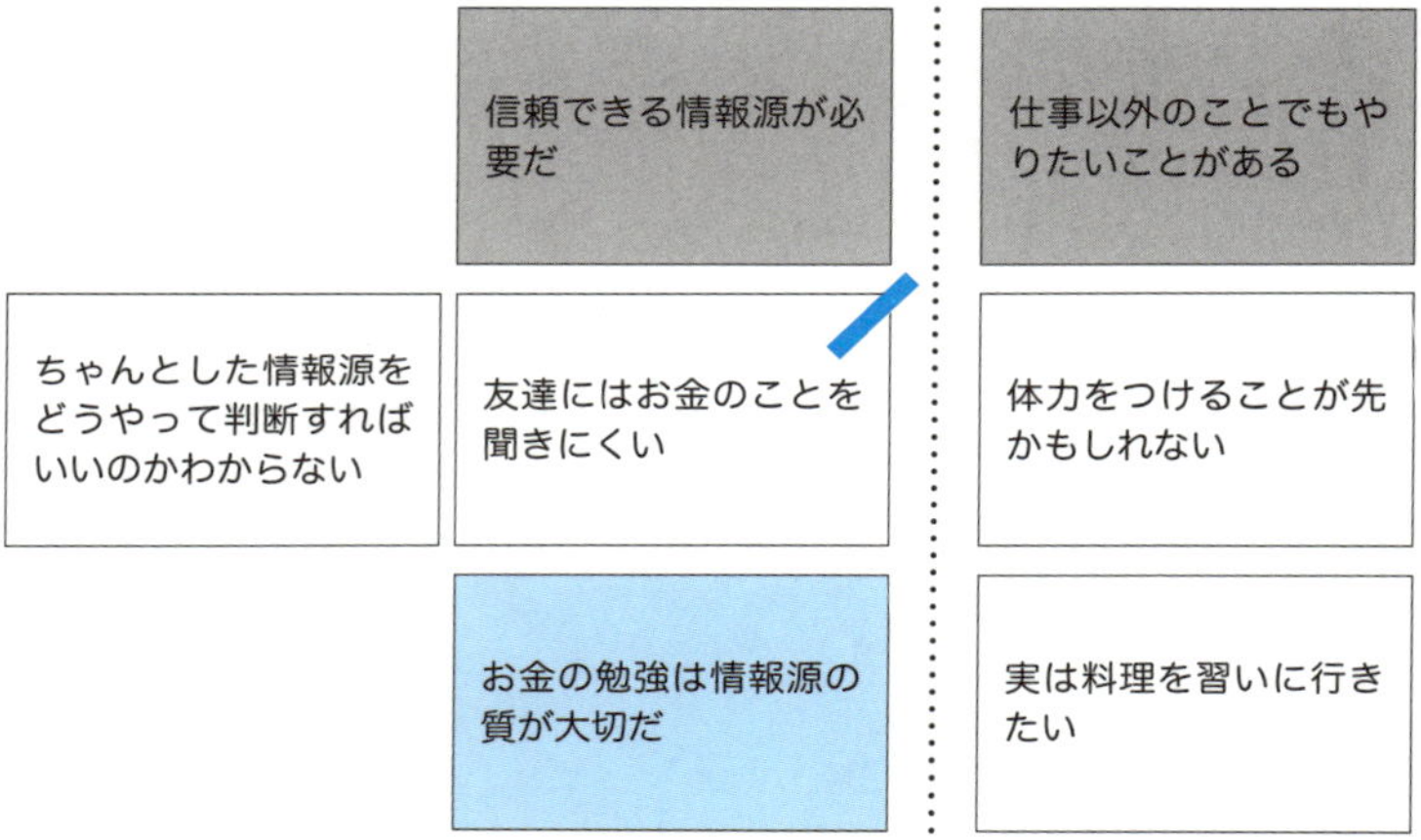
信頼できる情報源が必要だ
仕事以外のことでもやりたいことがある
ちゃんとした情報源をどうやって判断すればいいのかわからない
友達にはお金のことを聞きにくい
体力をつけることが先かもしれない
お金の勉強は情報源の質が大切だ
実は料理を習いに行きたい

これは第1ラウンドで似たような内容がありました。抽象度が先ほどより高いゆえに、もともと中間エリアに置かれていたピースです。このトリガーピースには多くのピースが集まりました。

「最近疲れ気味だ」
「帰宅後は疲れて何もできない」
「疲れて横になっているとき、自己嫌悪に陥る」
「仕事ができる先輩は疲れることはないのだろうか」
「体力がないとやりたいこともできない」

疲れと本来ありたい姿との葛藤がうかが

えます。まずは、

帰宅後は何もできない（トリガーピース）

に忠実に、「疲れている」という状態に注目したグループができそうです。

最近疲れ気味だ

帰宅後は疲れて何もできない

このグループは、要するに「帰宅後、何もできなくなるほど疲れている」と表現できますので、そのラベルでまとめました。

次に、残ったピースを見ていくと、自己嫌悪状態をもう少し客観的にとらえられそうな気がしてきます。

疲れて横になっているとき自己嫌悪に陥る

仕事ができる先輩は疲れることはないのだろうか

体力がないとやりたいこともできない

この3枚のピースを見ているうちに、「疲れ切ってしまっては元も子もない」という気づきを得、要するに自分の課題としては**「疲れとの折り合いのつけ方を工夫していく」**ということなのだな、と思い至り、それをラベルにしました。

さらに、次の3枚をながめてみます。

大切な自分の自由時間は確保したい

勉強時間の確保は難しそうだ

朝活に挑戦するとか？

要するに**「時間帯を問わず自分のための時間を確保していきたい」**ということなのだ、と読み解けました。これをラベルにして3枚をまとめました。

次の

勉強すべきことの優先順位がわからない（トリガーピース）

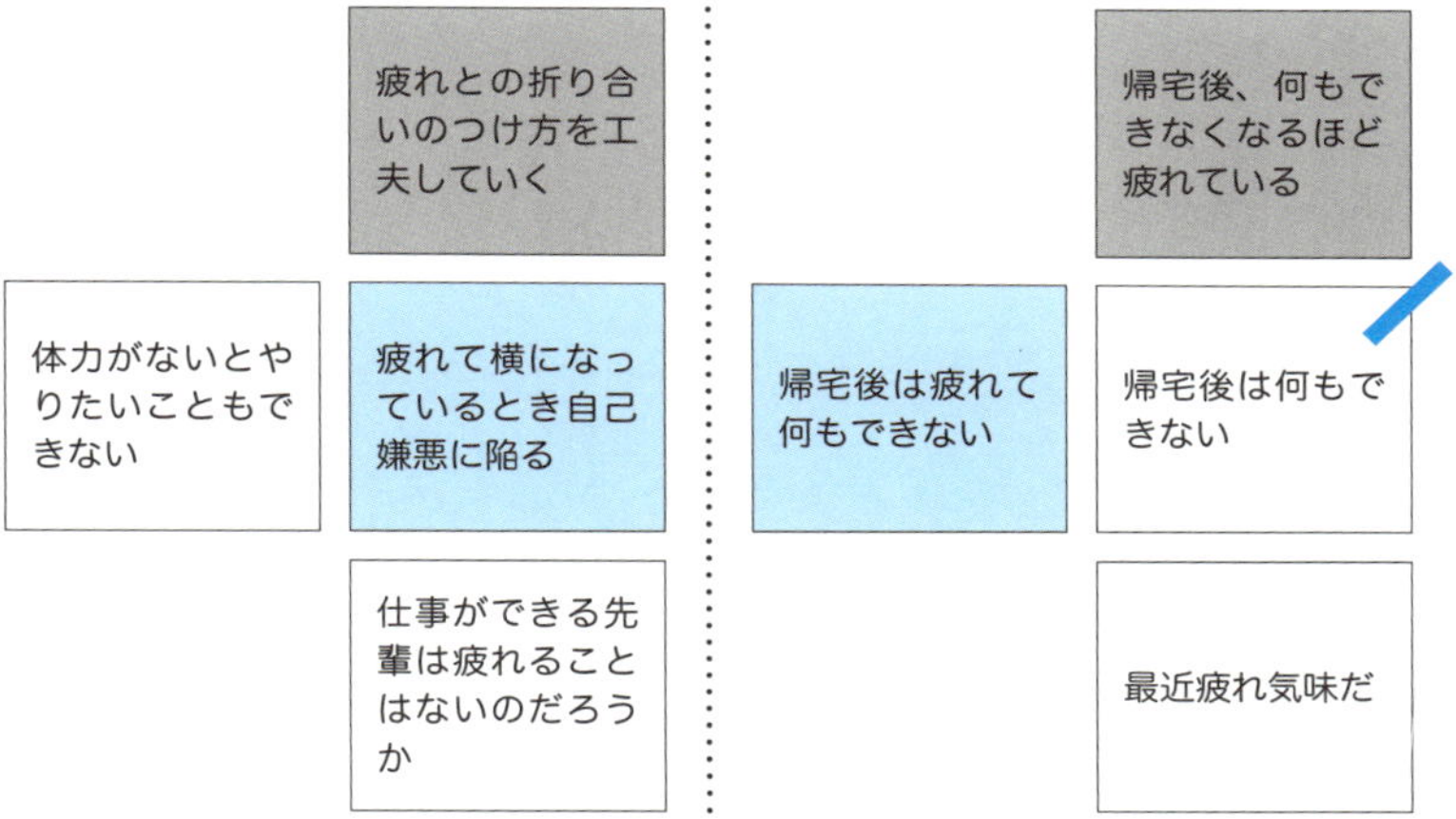
疲れとの折り合いのつけ方を工夫していく
体力がないとやりたいこともできない
疲れて横になっているとき自己嫌悪に陥る
仕事ができる先輩は疲れることはないのだろうか
帰宅後、何もできなくなるほど疲れている
帰宅後は疲れて何もできない
帰宅後は何もできない
最近疲れ気味だ

には、

自分に向いている勉強方法がわからない

勉強時間を確保する方法が知りたい

の2枚が集まりました。「勉強」についてのわからないことが集まったわけですが、実は勉強そのものではなく、勉強に関する優先順位だったり、方法だったり、時間の確保方法がわかっていないのだとわかりました。従ってラベルは**「今の自分は勉強以前にわかっていないことが多い」**という現実への気づきとなりました。

こうして見ると、ラベル付けが単なる「まとめ」ではないことが、よりはっきりわかると思います。単にまとめるのではなく各

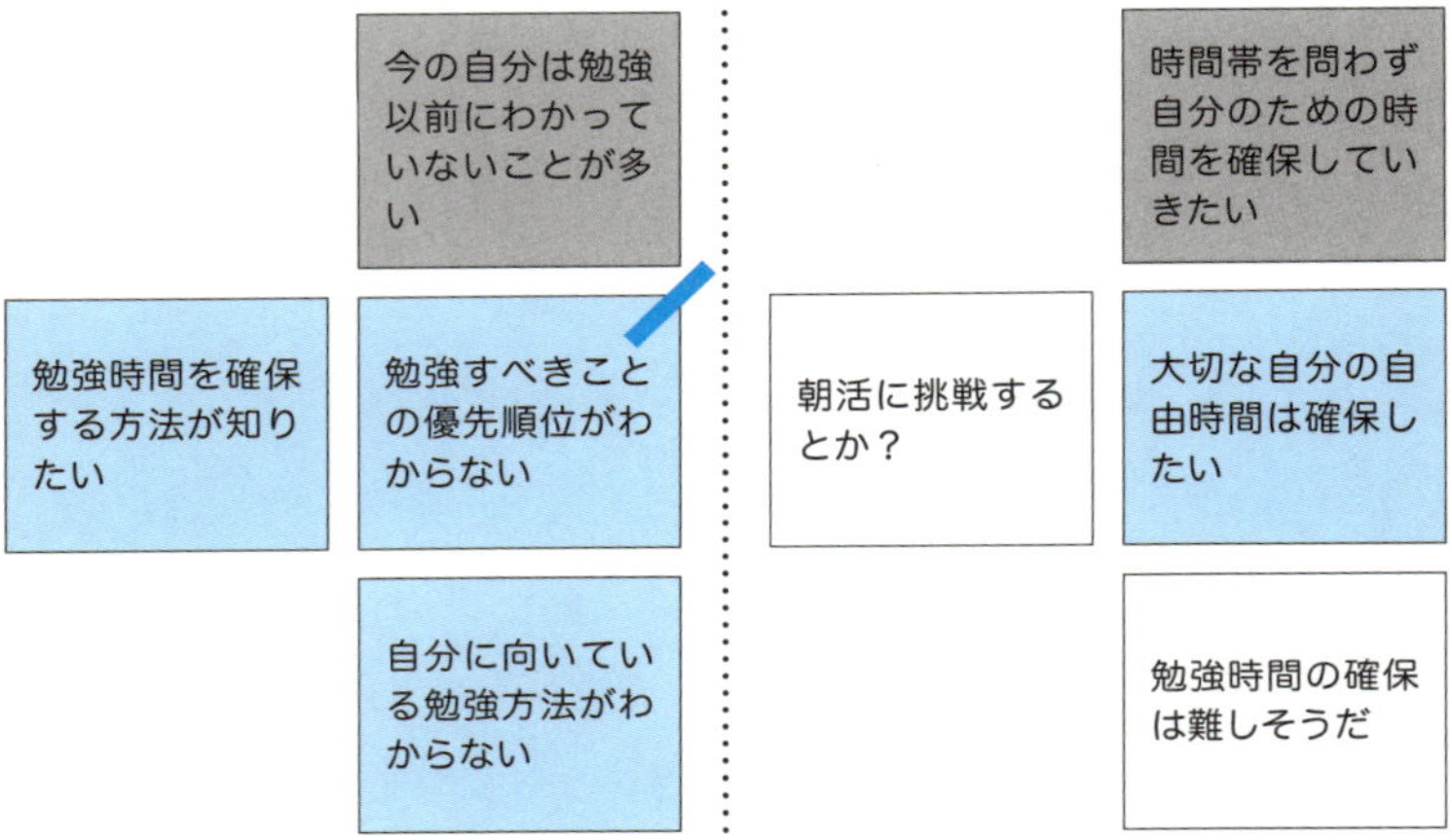
今の自分は勉強以前にわかっていないことが多い
勉強時間を確保する方法が知りたい
勉強すべきことの優先順位がわからない
自分に向いている勉強方法がわからない
時間帯を問わず自分のための時間を確保していきたい
朝活に挑戦するとか？
大切な自分の自由時間は確保したい
勉強時間の確保は難しそうだ

ピースに流れる真意を汲み取り表現していくことがラベル付けの狙いです。

正解がないからこそ、迷いも当然あることでしょう。ピースはあくまでも問題を発見したり、気づきを得たりするための手がかりやキッカケとして浮かんだ表層の一部です。

ピースを通して得られた発見や気づきこそが自分にとっての正解なのです。

第2ラウンドでも最後までグループにならなかったピースがあります。これらは、「抽象エリア」に移動します。

グループピング第3ラウンド（抽象エリア）

さあ、いよいよ最終ラウンドです。こんがらがった状態だった毛糸玉がだいぶほぐれてきています。いよいよ最後は「抽象エリア」に注目します。

もともと抽象エリアにあったピースは4枚でした。中間エリアからは11枚のピースが移動してきました。

もともと抽象エリアにあったピース

やりたいことが多い
10年後も楽しく働いていたい
楽しく働くってなんだ？
勉強することは嫌いじゃない

中間エリアから動かしてきたピース

そもそもスキルアップするためのお金の確保が難しい	仕事以外のことでもやりたいことがある	今の自分は勉強以前にわかっていないことが多い
目の前の仕事も大事だ	時間帯を問わず自分のための時間を確保していきたい	信頼できる情報源が必要だ
自分の時間がなくなる副業をする気はない	今後の仕事によって必要なスキルも異なる	帰宅後、何もできなくなるほど疲れている
	将来に向けて安心できるスキルを身につけたい	疲れとの折り合いのつけ方を工夫していく

※
グレーのピースは、第２ラウンドでグループになった束

第3ラウンドでも先ほどと同様の手順で、トリガーピースを選び、3枚を上限にグルーピングし、今度はピンクの紙にラベルを書いて束ねていきます（ピンクの紙は、本書では使える色が限られているため青ワクの紙）。

任意で選んだ1枚目の

今の自分は勉強以前にわかっていないことが多い（トリガーピース）

のもとには、

信頼できる情報源が必要だ

のピースがきました。

わかっていないことが多い自分、同時に信頼できる情報源を必要としている自分。その内容も勉強のことやお金のことなど、とりとめがありません。

まさにここで「とりとめがない」という（ある意味、身も蓋《ふた》もない）事実に気づきます。悩みの毛糸玉に自ら巻き込まれていたのでしょう。

そこで、要するに**「わかっていないことや相談したいことが実はあまり具体的ではない」**と、自分の状態を客観視してピンクの紙にラベルとして書きました。

やりたいことが多い（トリガーピース）

には、

仕事以外のことでもやりたいことがある

時間帯を問わず自分のための時間を確保していきたい

のピースが集まりました。

やりたいことは仕事に関することだけではない、仕事以外にもやりたいことがある、やりたいことをやるためには時間の確保は大切だけれども、時間の確保が目的ではなく、「やりたいことをやる」ことこそが目的なのだ、と気づきます。

ともすればこれまでは時間確保のハウツーに流されがちでしたが、ここで真の目的に気づきました。

そうです、要するに「仕事も仕事以外もやりたいことをやれるようにする」、このことこそが自分にとっての問題なのだと発見できたのです。これもピンクの紙に書いてまとめます。

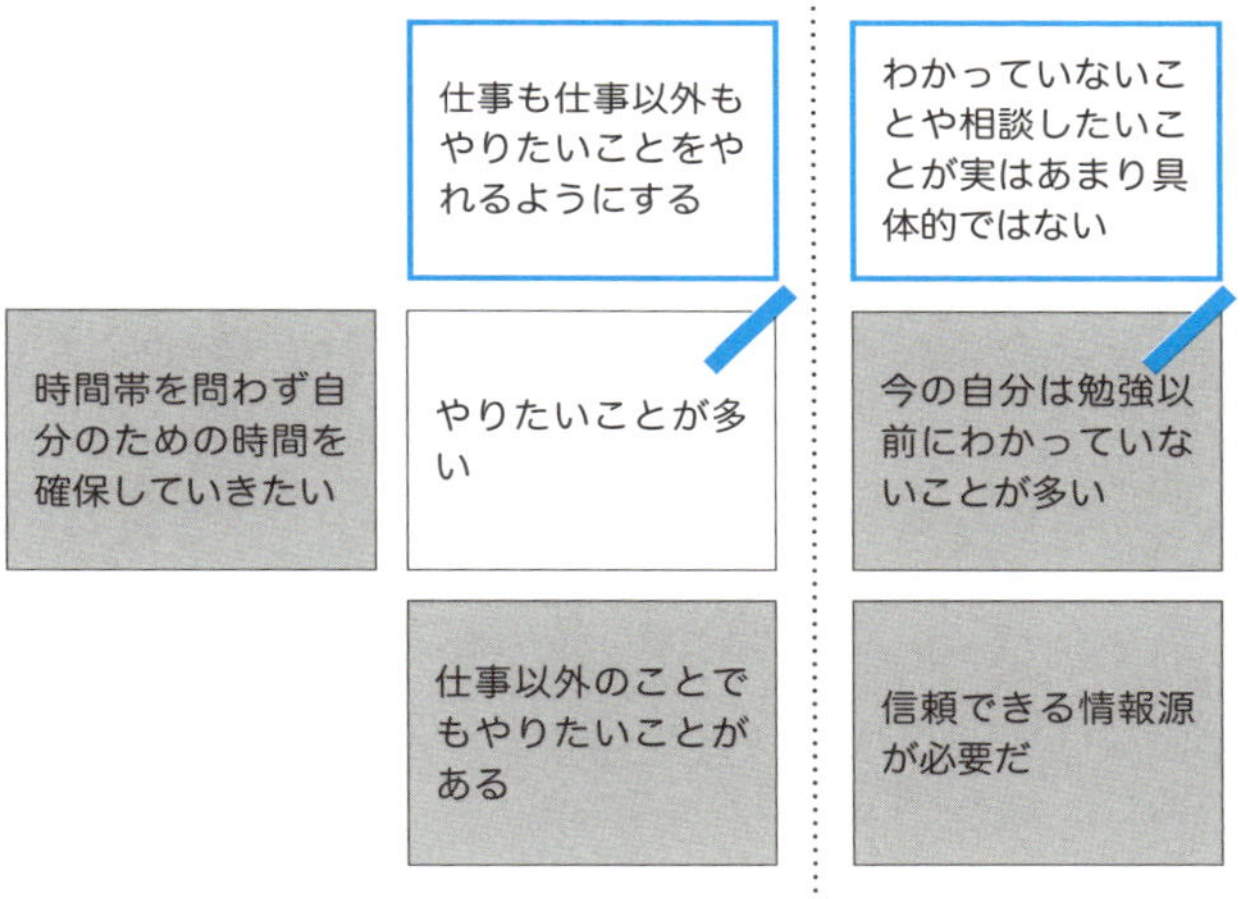
仕事も仕事以外もやりたいことをやれるようにする
わかっていないことや相談したいことが実はあまり具体的ではない
時間帯を問わず自分のための時間を確保していきたい
やりたいことが多い
今の自分は勉強以前にわかっていないことが多い
仕事以外のことでもやりたいことがある
信頼できる情報源が必要だ

帰宅後、何もできなくなるほど疲れている（トリガーピース）

には、

疲れとの折り合いのつけ方を工夫していく

と

自分の時間がなくなる副業をする気はない

というピースができました。

この2枚のピースと向き合っているうちに、折り合いのつけ方から一歩踏み出したラベル、要するに**「疲れにくくなる生活スタイルに変えていく」**という従来よりポジティブな文言をピンクの紙に書きました。

今後の仕事によって必要なスキルも異なる（トリガーピース）

のもとに集まったピースは、

将来に向けて安心できるスキルを身につけたい

勉強することは嫌いじゃない

という2枚でした。

目線が将来に向いているものの、そこには不安もあります。同時に、勉強が嫌いではない自分にも気づきました。まだまだ自分には知らないことが多いということもグルーピングを経て自覚しました。周りに流されがちな自分とも向き合いました。

自分でも意外に思える自分の一面（仕事以外にもやりたいことがある、など）にも気づき、「そうか、もっと自分に素直に、正直に、自分の仕事を考えればいいのか」、との思いに至りました。そこで、要するに**「まずは主体的に今後の自分の仕事像を描いてみる」**とのラベルをピンクの紙に書きました。

楽しく働くってなんだ？（トリガーピース）

のもとには抽象度の高いピースが集まりました。

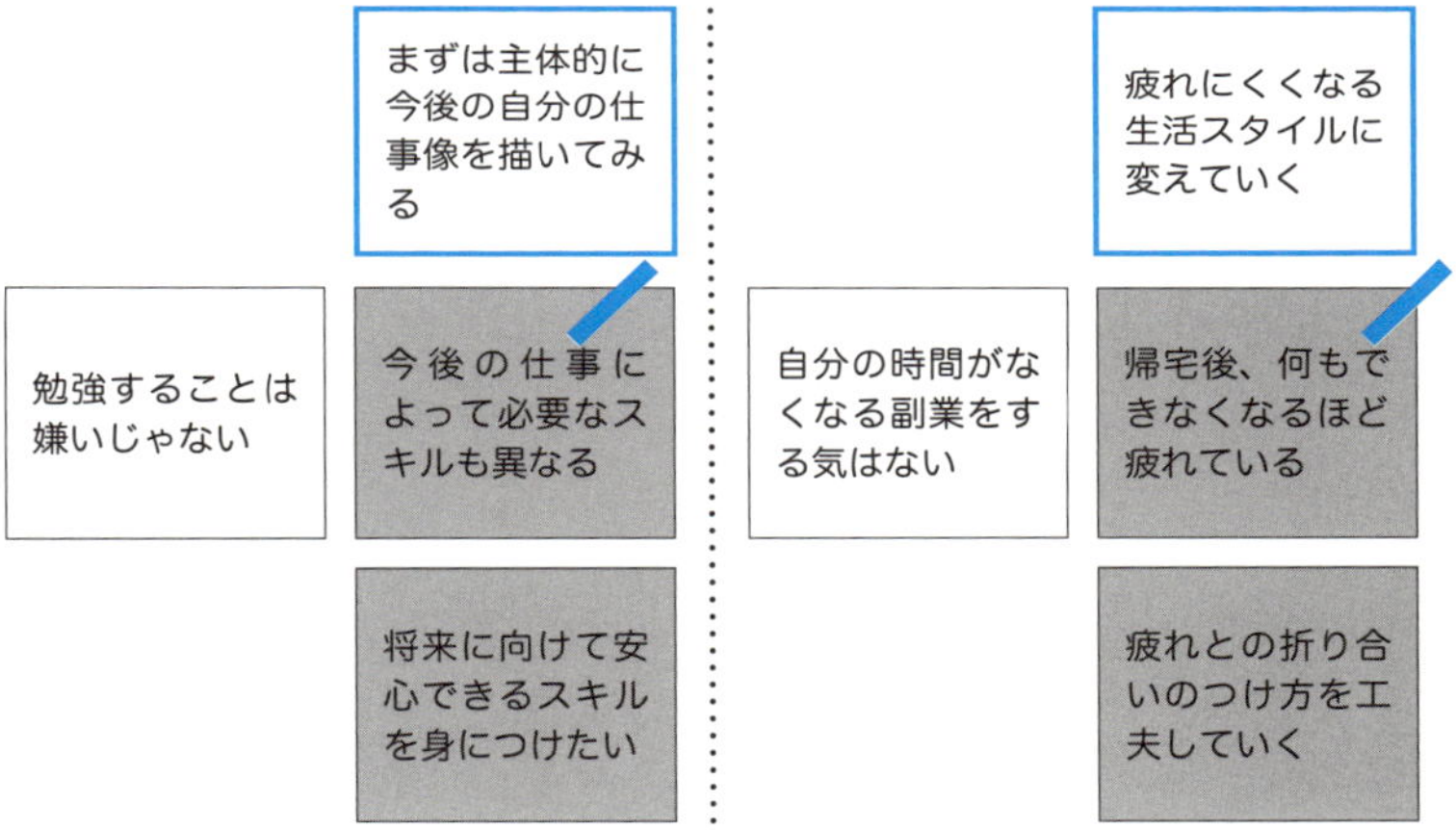
まずは主体的に今後の自分の仕事像を描いてみる
勉強することは嫌いじゃない
今後の仕事によって必要なスキルも異なる
将来に向けて安心できるスキルを身につけたい
疲れにくくなる生活スタイルに変えていく
自分の時間がなくなる副業をする気はない
帰宅後、何もできなくなるほど疲れている
疲れとの折り合いのつけ方を工夫していく

10年後も楽しく働いていていたい
目の前の仕事も大事だ

の2枚です。これらをグルーピングしていいものかどうか。

一見、まとまりそうにもない3枚ですが、手がかりはあります。

「楽しく働く」は3枚のうち2枚に共通しています。しかし、大事なのは単語ではなく意味です。「自分にとって楽しく働くってどういうことだろう」と考えてみます。

決して楽な仕事のことではありません。仕事のできる先輩も気になる存在として登場していました。勉強については迷子状態ではあっても、嫌いではありません。むしろ興味しかありません。不安があったり、疲れたりしつつも、将来の仕事をアレコレ考えたくなるほどには、仕事に関心もあります。

そんなことをこれらのピースをながめながら考えていると「そうか、仕事も勉強みたいなものなのか」と思い至りました。

学びによって知識が増え、視野が広がり、思考が深まるように、自分は仕事でも成長したいと思っているのだ。そのような気づきを得ました。

そこでラベルには、要するに「仕事を通して常に成長し続けていきたい」とピンクの紙に書きました。

そもそもスキルアップするためのお金の確保が難しい

は、最後まで単独でした。

この場合、このままの内容をラベルにすることも可能なのですが、今一度「要するに」とピースと向き合います。

その結果、実は「スキルアップにお金の確保は必ずしも必須ではない」との気づきに至ったため、その内容をラベルとし、ピンクの紙に書きました。思い込みが大きく

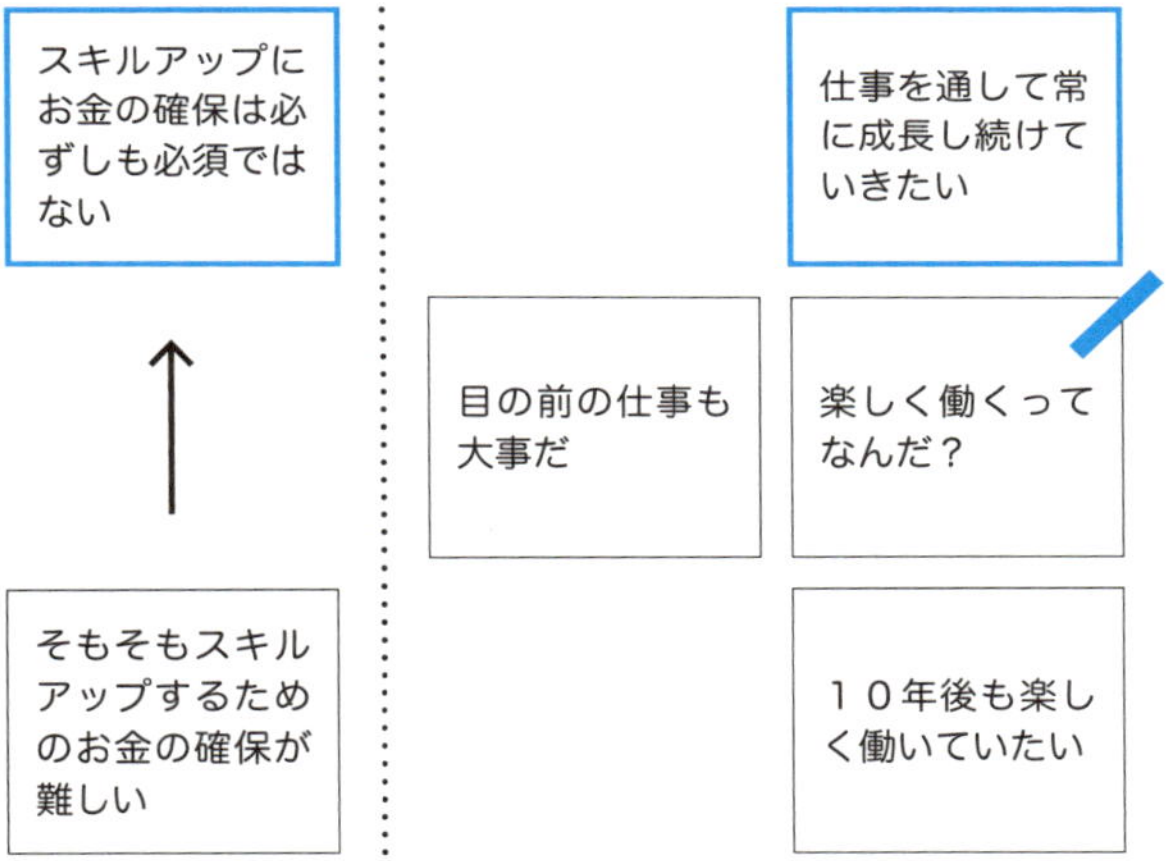
スキルアップにお金の確保は必ずしも必須ではない
そもそもスキルアップするためのお金の確保が難しい
仕事を通して常に成長し続けていきたい
目の前の仕事も大事だ
楽しく働くってなんだ？
１０年後も楽しく働いていたい

変化していることがわかります。

ここでは、最終的に6つのグループができました。最初のグルーピングからの束が重ねられていっていますので、グループによっては厚みのある束になっています。

これで第1ラウンドから第3ラウンドまで、すべてのグルーピングが終わりました。グルーピングのおもしろいところは、特に抽象度が高くなっているピースのグルーピングを行なう第3ラウンドで見られたように「思考の動きや心の動きがイキイキ」反映されるところです。

今回紹介したテーマでは、グルーピングをしているうちに、「ああ、そうか、こんなことで悩んでいたのか」「こんなことで悩んでいる場合じゃないな」「実は悩みどころは別にあったんだな」など、気づきの質も進化していきました。

その内面の進化に伴い、ラベルに描かれる表現も青ラベル→黄色ラベル→ピンクラベルと書いていくうちに「進化」していきました。

青ラベルの頃は各ピースの意図を読み取った上での「要するに」だったのが、**ピンクラベルの頃には自分の頭の中の「要するに」になっている**ことがわかります。

私たちは頭の中でしっかり考えていると思い込んでいますが、実は「文字」にしていくことを通じて自らと向き合い、自らと対話し、自らの考えを具体的に修正したり広げたり、そして深めたりできるのです。

その意味でもコンセプトピラミッドは、自分自身との対話を可視化によって助けるツールであると言ってもいいでしょう。

ピラミッドの完成↓真の問題を発見!

具体↓中間↓抽象とすべてのグルーピングが終わったら、いよいよ真の問題を発見する段階です。

すでにグルーピングの段階で何度も気づきや発見の機会はありました。ここでは最後の仕上げのつもりで臨みましょう。

さて、最後のステップは、いったんクールダウンしてから行ないます。グルーピングはその段階が進めば進むほど一種の興奮状態になっていき、勢いでテンポ良く進められる場合もあります。

マラソンなどのランナーズハイの状態です。それはそれで効果があるのですが、最後は冷静さを取り戻して、もう一度俯瞰し、落ちついて自分と対話をするために、リフレッシュする機会を設けます。

疲れにくくなる生活スタイルに変えていく	スキルアップにお金の確保は必ずしも必須ではない
仕事も仕事以外もやりたいことをやれるようにする	まずは主体的に今後の自分の仕事像を描いてみる
仕事を通して常に成長し続けていきたい	わかっていないことや相談したいことが実はあまり具体的ではない

脳をしっかり休めてから向き合うと、新たな気づきも得やすくなります。

もっとも忙しい方々には、長い休息は難しいかもしれません。そのような状況のときは、せめてコーヒーやお茶などをゆっくり味わう時間を持ちましょう。

それでは、クールダウン後の、最後のステップを説明していきます。

すべてのグルーピングが終わり、導かれた答えがピンクのピースに書かれています。

まずは、最終的に導かれたピース、今回の事例では6枚ですが、それらをゆっくりと読んでください。ながめるという感覚のほうが近いかもしれません。

そして、それらを再度「要するに」で括るのです。

そこで出た答えが、コンセプトピラミッドで発見した「真の問題」となります。

いきなり「要するに」で括ることが難しいと感じた場合は、クリップで束ねたピースをバラし、すべての階層が見えるようピラミッド型に並べてみましょう。

構造化されたチャートを見直すと、「最上階にあるピースは、こういう事象から生まれたんだ」とか「無意識だった思い込みは、この具体的な事象として現れていたのか」といったことに気づくことができ、ヒントを得ることができるでしょう。

事例の6枚のピースを見ていくことで、周りや世間の情報に振り回されて不安ばかりが大きくなり、おろおろしていた自分に気づきました。そして、要するに、

「将来、働いている自分を主体的かつ具体的に描けていなかった」

ことが一番の問題だったのだと気づきました。一生懸命考えていたようでも、実は

問題そのものを自分事化できていなかったのです。

仕事のことも生活のことも、自分では真剣に考えているつもりでしたが、結局のところ、自分軸がないままに、さまざまな情報に振り回されていることに気づかないまま不安に陥っていた、と発見できました。

真の問題を発見できたら、自ずとやるべき行動が見えてきます。あとはそれらを実践していくことで、発見した問題を解決していけます。

もちろん、ここまでしなくても解決策を手軽に選択できる、という場合もあるでしょう。世の中にあふれる大量のハウツーやハックを試しながら、自分なりの手法を築いていくことも有効です。

しかし、自分の中に何かしらの「軸」を持たないまま、そうしたお手軽なものに次々と手を出していくと、やがては疲弊し、「私、何をやっているんだろう……」との思いにいきつきます。

コンセプトピラミッドの各ステップには、自らの意見や意図を問う場面が多く登場します。内なる問題意識を刺激するためです。

「問題を発見する」という価値は、自分の内なる声や思いに気づくことでもあるので

最終のラベルに到達する前に、
気づきや発見の機会は何度も訪れています

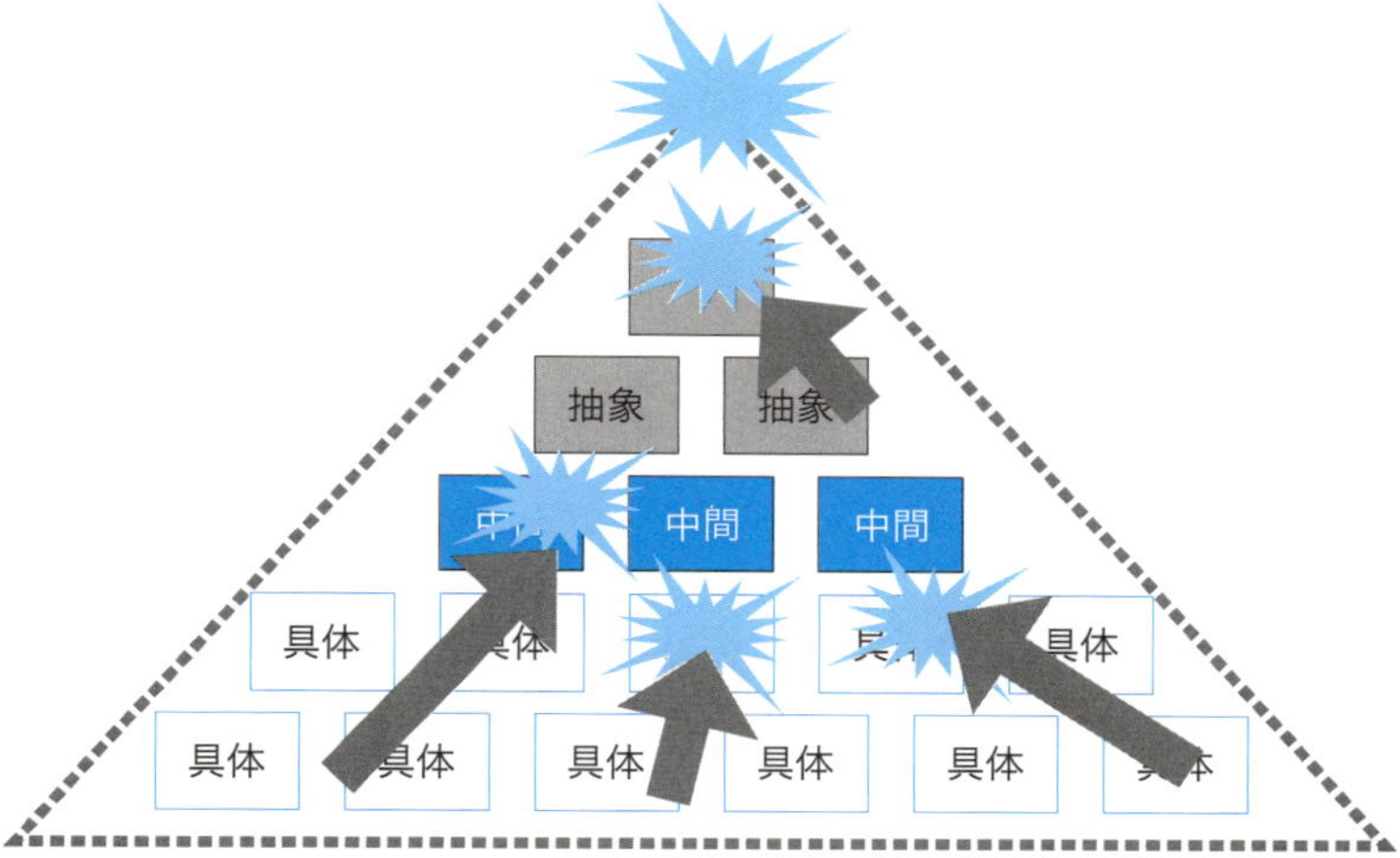

最後のラベルをつけたあとに束を展開すると
このような構造化チャートになります

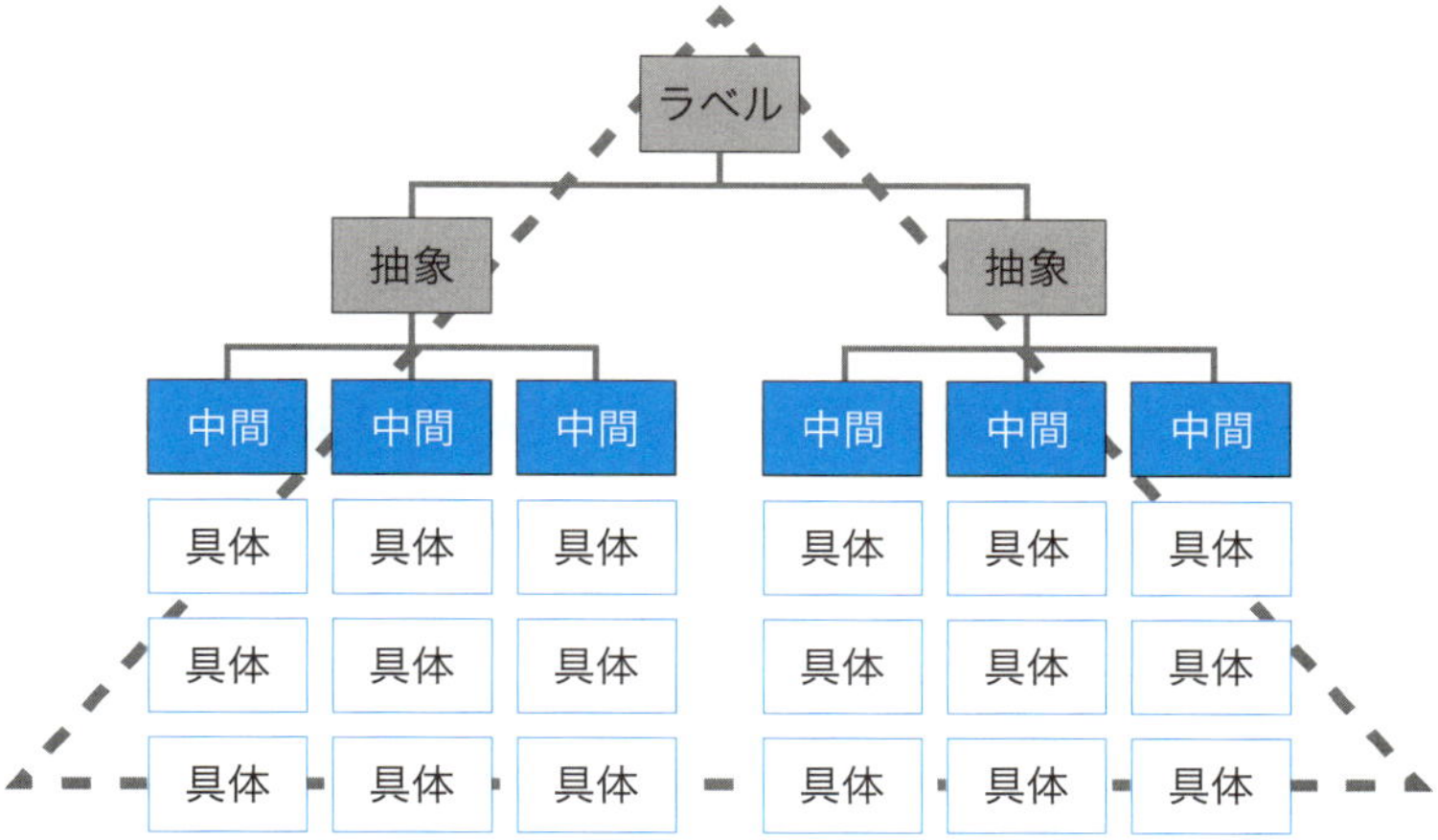

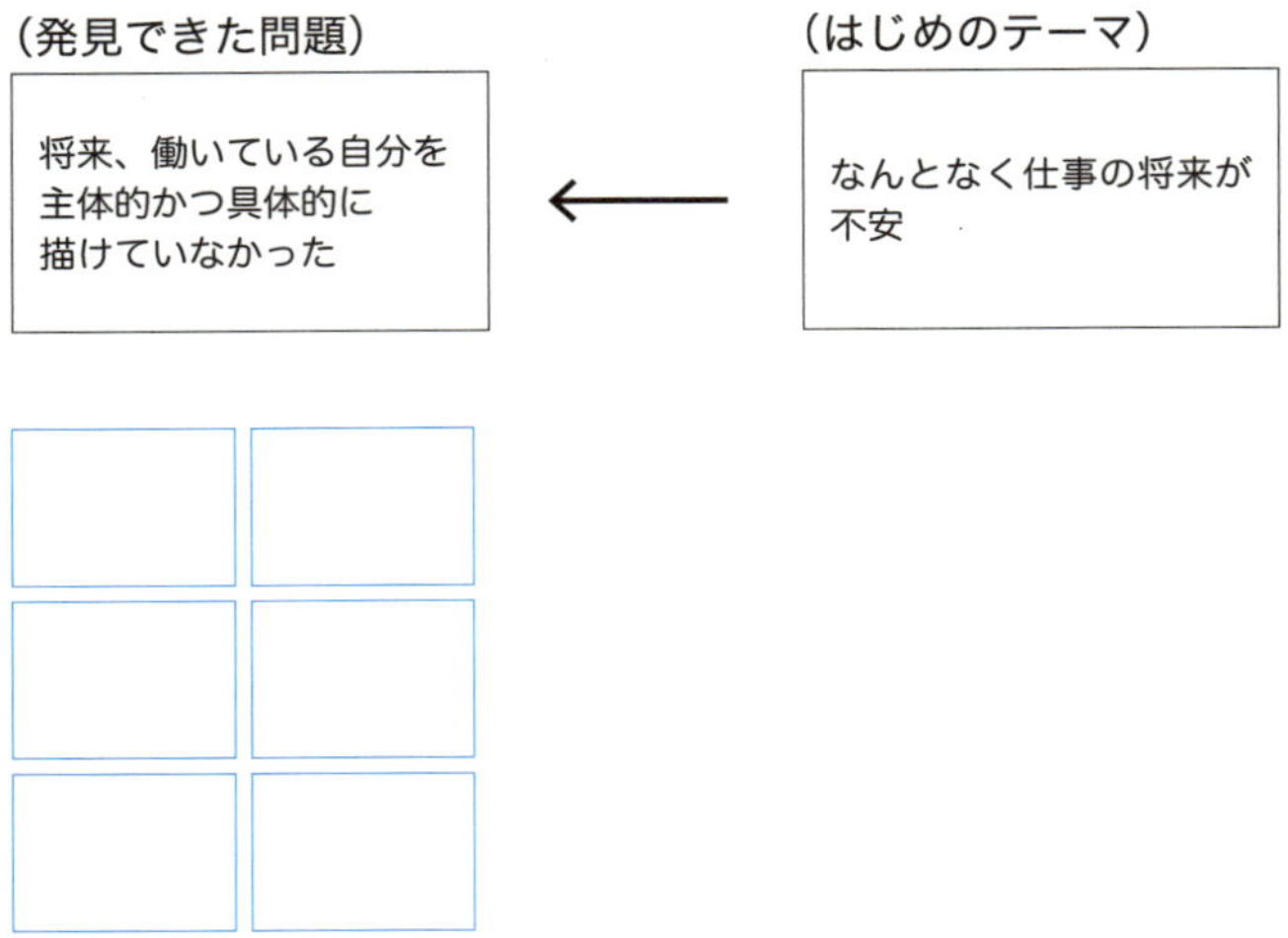
（発見できた問題）
将来、働いている自分を主体的かつ具体的に描けていなかった
（はじめのテーマ）
なんとなく仕事の将来が不安

これで
カンペキ！

す。そして、発見できた問題に対する行動が、あなたの未来を変えるはじめの一歩になります。

そのための一つの方法として、このコンセプトピラミッドの技法がお役に立てば幸いです。

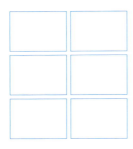

特別授業

問題発見の授業をサクッとおさらい！

～コンセプトピラミッドをとことん使いこなすためのQ＆A～

【問題発見の授業のおさらい】ここだけ見ればぱっとわかる!

ここからは、Q&A形式で問題発見の授業のおさらいをしながら、あなたにコンセプトピラミッドを上手に実践できるようになってもらいます。

実践の際に、

「なんで、ここはこうするんだっけ?」

「ここでは、どうすればいいんだっけ?」

と迷ったときに、**この授業を見ると手がかりがつかめるようにしています。**

コンセプトピラミッドの各パートのくわしい解説は1~3時間目を見てください。

ここでは、コンセプトピラミッドのポイントを説明していきます。

コンセプトピラミッドを使いこなし、あらゆるジャンルで真の問題を発見できるようになってください。

【ステップ①　ピースを集める　自由にどんどん書いていく】

ステップ①では、ピースを30枚ほど書き出していきます。

Q ピースを書こうとすると手が止まってしまいます。どうすればいいですか？

A まずは、頭の中に浮かんだものを、1時間目で学んだピース作成のルールを意識しながら自由に書き出します。

自分で設定したテーマから思い浮かんだことを、どんどん紙に書いて、ピースをつくっていきましょう。

ここでは**「質より量」重視**です。ピースのチェックと修正は次のステップで行ないます。まずは、頭に浮かんだことをピースに書き出していきましょう。

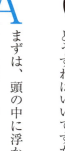

【ステップ② ピースをチェックする】
書き出したピースをルールに沿ってチェックし、修正する

ステップ②では、ピースをチェックし、修正していきます。特に次のことに気をつけてください。

●ワンメッセージになっているか？

2つ以上の情報が含まれている際は、「1ピース＝ワンメッセージ」になるように修正します。

●主語、目的語があるか？

主語や目的語がなく意味をくみ取りづらいピースには、主語や目的語を加えます。

●体言止めになっていないか？

体言止めになっているピースには、ふさわしい文末を加筆します。

●「〇〇（な）ので」「〇〇（だ）から」「〇〇（の）ため」という文章になっていないか？

因果関係を固定してしまっているピースは、文章をワンメッセージに分割してピースをつくり直します。

Q 「○○（な）ので」という文章は禁止されていますが、切り離して文章をつくり直すと意味が通じなくなります。どうすればいいですか？

A 今一度、その文章をよく読んでみましょう。

「（な）ので」でつなげられた2つの要素の関係が「原因と結果（因果）」である場合は、勇気を持って2つに分けます。**今まで気づかなかった他の原因を発見できる可能性があるから**です。

単純に2つに分けただけだと意味がわかりにくくなる場合は、言葉を補いましょう。

【例】

毎日同じような作業のくり返しなのでおもしろくない

←（原因と結果を分けて修正）

1 **毎日同じような作業のくり返しだ**

2 **毎日おもしろくない**

ピース全体をながめる

ピースを修正して分割したら、すべてのピースを見ながら、ピースの全体を把握するために「要するに」「○○について」と頭の中で分類して、ざっくりと5～10程度のキーワードで分けてみます。

Q 分類してもすぐに崩してしまうのに、キーワードで分類する意味がわかりません。

A 「せっかく分類したのに、なぜグループを解体するの？」と、研修の現場でもよく聞かれます。

ここでの分類はあくまでも「全体を把握する＝自分がこのあと向き合っていくピースの内容の網羅性《もうらせい》を確認する」ためです。分類が目的ではありません。

どの分類に偏っているのか。ピースの数が少ない分類項目には忘れていた視点があるのではないか。「その他」がやたらと多くなったのは、気づいていなかった視点が潜んでいるせいではないか。

このような視点で**全体を俯瞰して見ることで、この段階でも新たな気づきを得られます。**あくまでもここでの分類は仮の姿であると心得ましょう。

【ステップ③　ピースをグループ化する】3エリアに分ける

すべてのピースをバラし、具体エリア、中間エリア、抽象エリアに仕分けます。

Q　具体・中間・抽象の分け方がよくわかりません。

A　前にも述べましたが、各レベルの分け方に絶対的な基準はありません。その時々でピースの内容も変わりますので、ピース全体の中で相対的に判断していきましょう。まずは、「これは具体的だな」「これは抽象的だな」と**両極に該当するものを選ぶと判断しやすい**でしょう。

次に比率を目安に調整します。比率は後工程のグルーピングをやりやすくするためのものです。ちょっとしたひと手間ですが、相対的に判断していきましょう。

大丈夫、間違いという概念自体がありませんから。

具体から抽象へグループ化！

グルーピングの手順は次の通りです。

【第1ラウンド】具体エリアをグルーピングし、ラベルをつける↓中間エリアへ移動
【第2ラウンド】中間エリアをグルーピングし、ラベルをつける↓抽象エリアへ移動
【第3ラウンド】抽象エリアをグルーピングし、ラベルをつける↓終了

グルーピングのルールは、「表層的な単語ではなく意味に注目する」「3枚を上限とする」「『要するに』でまとめて、グループラベルを書く」というものでした。

Q グループラベルの書き方によって、真の問題に到達できるか否かが変わりそうです。ラベルをどのように書けばいいのでしょうか？

A コンセプトピラミッドは言葉情報から意味を見出し、そこに潜む問題を発見していく技法です。言葉情報はどこまでいってもあいまいですし、人により解釈が異なる場合も多いでしょう。そのため、「正しさ」の数も一つではありません。大事なのは自分自身が納得できるか、です。

それが正しいかどうかを決めるのは、主体者である自分自身です。自分自身が納得できるかどうか、が判断材料になります。

ピースを近づけたり遠ざけたりしながら、「これ！」という手応えを探ってください。紙で動かしていく効果は、その手応えが得やすくなることです。しっくりくるグループを見つけたら、その「しっくり」の理由を考えます。それこそがラベルになる要素になります。再度、ラベルを書く際のコツを示します。

・ピースに共通する単語で安易にまとめない

・もとのピースたちと「要するに」でつながるかどうかを確認する

言葉の世界に唯一絶対の正解はありません。だからこそ、自分自身の腹落ち感が「正しさ」の指標になるのです。

【ステップ④　真の問題を発見する】本当に解くべき、解決効果が高い問題が見つかる！

ステップ④では、最終的にできたグループをまとめ、真の問題を発見します。

Q 第3ラウンドのあと、最終的にできたいくつかのグループから真の問題を導き出すことに自信がありません。

A ピースの書き出しから第3ラウンドまで、決して楽ではないステップを積み上げてきたからこそ、目の前にいくつかのグループで束ねられたピースがあると思います。ここまで自分の頭で考え、書いてきた証がそこにあります。

まずはそのことに自信を持ってください。お手軽に得た束ではないのです。ここまで何度も、しっくりくる言葉を探して書き直しをくり返したことでしょう。

これだけのグルーピングを経て、頭の中で「真の問題」が出来上がりつつある状態です。目の前の最終グループのラベルを読み返しながら、それをたぐり寄せましょう。

グルーピングのラベルを書くという目的があるからこそ、各ピースに潜む意味を考え、複数のピースに共通する意味を探り、そこから得た気づきや発見をラベルに言葉で書き表していく。**いずれもひと言で表せば「考える」ということです。**

しかし、日頃、私たちはこの「考える」ということを実に雑に、そして大ざっぱに行なっています。

簡単に答えが見つからないとき、自分にとっての真の答えが欲しいときこそ、一度立ち止まってコンセプトピラミッドの各ステップに取り組む贅沢な時間を設けてみてください。各ステップは自身との対話のための仕掛けです。

仕事においてもプライベートにおいても、コンセプトピラミッドの技法により真の目的を発見することで、あなたが手応えのある毎日を過ごされることを願ってやみません。

もっと
カンペキ！

あとがき

問題発見のシンプルな4つのステップ、いかがでしたか？

実際にあなたが取り組まれたのなら、心地良い疲労感を味わっているところかもしれません。

本書を手にしてくださったあなたは、どうか「読んで終わり」にしないでください。コンセプトピラミッドは自分自身の頭をフル回転させ、手を動かしてこそ、確かな成果が得られます。

ここに書かれているすぐにでもできそうなこと、たとえば「ワンメッセージで書く」「一文40文字以内に収める」「体言止めにしない」など、何か一つでも意識し、実際に手を動かし、日常を少しだけでも変えてみてください。

気づきや問題発見は、そうした小さな行動や経験の積み重ねの先に生まれます。

これこそが、あなた自身の発想力や表現力に磨きをかけるのです。

生成ＡＩが当たり前に浸透していく時代、これからの時代は「経験リッチ」の人こそが存在感を増していきます。「経験」に貪欲になってください。


学びは最高の娯楽である。

これは、研修やワークショップでいつも私がお伝えしている言葉です。新しいことを知る、試す、発見する。これほど楽しく贅沢なことはありません。ぜひ、ご自身で体験し、問題を発見し、より豊かな時間を過ごしてください。

本書は私一人の力では生まれませんでした。この技法の道に導いてくださった佐藤佳弘さん、ともに研修カリキュラムを練り上げた小池順子さん。コンセプトピラミッドに着目していただき企画を形にしてくださった森下裕士さん、加藤道子さん。イラストを描いていただいた伊藤カヅヒロさん、カバーデザインを担当していただいた市川さつきさん。いつも傍らでしっかりと支えてくれる石井智子さん、木村治子さん。

そして、これまで数多くのプロジェクトでご一緒する機会をくださったクライアント企業のみなさま。みなさまと一緒に脳に汗をかいた時間で鍛えられたからこそ、本書は生まれました。

最後に、いつも大好きな仕事に思う存分向き合うことを応援してくれる母と息子に、心からの感謝を込めて。

２０２４年10月18日

ツノダフミコ

ツノダ フミコ

戦略コンサルタント。株式会社ウエーブプラネット代表取締役。

慶應義塾大学卒業後、商業施設の企画開発会社にてターゲット戦略やコンセプト開発、未来のくらし研究を担当。

1993年に株式会社ウエーブプラネットを設立。生活者研究、各種調査、コンセプト・ナビゲーション、コンサルティングなどを通して、トイレタリー・飲料・食品・化粧品・住宅・家電・住設など、さまざまな大手企業のマーケティング支援に携わっている。時代と生活者の価値観を言語化していくプロセスに定評がある。

ワークショップ・ファシリテーション、マーケティング研修、エグゼクティブコーチングなども多数実施。クライアント企業のリピート率は常に9割以上。

本書で紹介した「協調設計技法コンセプトピラミッド®」を用いた問題発見やインサイト探索、技法研修も多数手がけている。

公益社団法人日本マーケティング協会の月刊誌『マーケティングホライズン』の編集委員を20年務め、2022年より編集委員長。

【公式サイト】https://www.waveplanet.co.jp

※コンセプトピラミッド®は株式会社ウエーブプラネットの登録商標です。

いちばんわかりやすい
問題発見の授業

著者 ツノダ フミコ

2024年12月10日 初版発行
2025年2月1日 2版発行

発行者 髙橋明男
発行所 株式会社ワニブックス
〒150-8482
東京都渋谷区恵比寿4-4-9えびす大黒ビル
ワニブックスHP http://www.wani.co.jp/
(お問い合わせはメールで受け付けております。HPより
「お問い合わせ」へお進みください)
※内容によりましてはお答えできない場合がございます。

プロデュース 森下裕士
編集協力 加藤道子
カバーデザイン 市川さつき
イラスト 伊藤カヅヒロ
本文・DTP 野中賢・安田浩也(システムタンク)
校正 広瀬泉
編集 内田克弥(ワニブックス)

印刷所 株式会社美松堂
製本所 ナショナル製本

落丁本・乱丁本は小社管理部宛にお送りください。送料は小社負担にてお取替えいたします。ただし、古書店等で購入したものに関してはお取替えできません。本書の一部、または全部を無断で複写・複製・転載・公衆送信することは法律で認められた範囲を除いて禁じられています。
©ツノダ フミコ 2024
ISBN 978-4-8470-7508-7
WANI BOOKOUT http://www.wanibookout.com/
WANI BOOKS NewsCrunch https://wanibooks-newscrunch.com/